I

# DE

# L'ALGÉRIE

## ET DE

## SA COLONISATION.

Paris. — Imprimerie d'Amédée Saintin, rue Saint-Jacques, 38.

DE

# L'ALGÉRIE

ET

## DE SA COLONISATION

PAR

### M. le Comte H... de B.....,

COMMISSAIRE DU ROI ET JUGE ROYAL A BÔNE EN 1832 ET 1833.

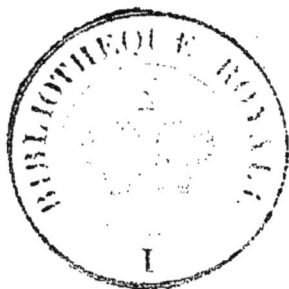

## Paris.

CROCHARD, LIBRAIRE-ÉDITEUR,
PLACE DE L'ÉCOLE DE MÉDECINE, 13.

PAULIN,
PLACE DE LA BOURSE.

DELAUNAY,
AU PALAIS-ROYAL

1834

# PRÉFACE.

La meilleure préface étant nécessairement la plus courte, nous nous bornerons à prévenir nos lecteurs que le petit ouvrage que nous livrons au public est le fruit de nos observations pendant un séjour de deux ans en Afrique. Fondées sur la vérité, nous désirons vivement que ces observations ne blessent personne. Dans une matière aussi grave que celle qui a pour but la colonisation de l'Algérie, chacun peut avoir une opinion plus ou moins bien fondée sur des faits qui s'y rattachent. Nous avons formé la nôtre sur les lieux mêmes et nous la publions. L'histoire politique de la régence avant et depuis la conquête, et le compte rendu de l'administration française depuis la prise d'Alger jusqu'à ce jour, forment un autre ouvrage dont nous retardons encore la publication.

# TABLE DES MATIÈRES.

# ERRATA.

Page 45, ligne 22. — et dressés à point cet effet. *Lisez* : dressés à cet effet.
Page 48, ligne 22. — n'a tardé à profiter. *Lisez* : n'a point tardé.

# DE L'ALGÉRIE

ET

## DE SA COLONISATION.

—

## CHAPITRE PREMIER.

De la nécessité où se trouvent quelques puissances européennes de fonder des colonies.

Les Français, trop exclusivement occupés de leurs discussions intestines, observent généralement avec peu de suite et peu d'intérêt la marche de la politique extérieure et les progrès du commerce des autres nations. Ils ne peuvent cependant, sans compromettre leur existence à venir, fermer négligemment les yeux sur les hautes prétentions qui divisent aujourd'hui les puissances. Si tant de protocoles et de négociations entamées, rompues, reprises, aboutissent à *l'ultima ratio regum*, vainement

on se flatterait de rester neutre. La France, par la force
dès choses, se verrait engagée dans cette lutte meurtrière.

Depuis des siècles, le système politique de l'Europe n'a
été aussi mobile qu'aujourd'hui. Partout de grands intérêts s'agitent et se froissent; partout les peuples ont un
sentiment très juste de leur situation, et de tous côtés
s'élève un cri unanime de regrets pour le passé, de
plaintes sur le présent, d'anxiété sur l'avenir. Il n'est plus
d'homme, quelque pauvre, quelque éloigné qu'il soit de
la scène politique, qui se fasse illusion sur la véritable
cause des malheurs qui accablent la patrie, qui n'ajoute
un cri de terreur aux cris sinistres qui retentissent de
toutes parts. Une inquiétude positive a succédé à des rêves
brillants d'espérance; et personne n'ose se demander sous
quelles formes et dans quelles proportions reparaîtront
les éléments des corps sociaux, prêts à se heurter et à se
confondre.

Avant d'assigner la cause principale du malaise, de
l'inquiétude et de la turbulence des masses, qu'il nous
soit permis de jeter un coup d'œil rapide sur la pertur-
bation actuelle de l'Europe; car pour parler colonies, il
faut déduire les motifs qui doivent faire désirer leur
fondation, et ces motifs sont nombreux.

En Russie, d'innombrables bataillons se meuvent à la
fois, s'avancent et se replient pour accomplir plus tard
le plan invariable de Catherine, strictement suivi par ses
descendants. La Russie vit d'envahissements, lents à la
vérité, mais progressifs et certains. Tout ce qui lui est
contigu, en quelque sens que ce soit, finit par recevoir
son joug. Ce colosse s'avance graduellement vers le midi,
comme un fleuve tranquille dont rien ne peut arrêter le
cours. Des émissaires habiles lui préparent les voies. Si

dans les pays dont elle a projeté la conquête, la discorde fait siffler ses serpents, elle flatte, elle séduit, elle corrompt pour se faire un parti qui seconde l'exécution de ses desseins. Ses colonies militaires succèdent à ses armées victorieuses, et les sauvages habitants du Caucase, obligés de subir le joug, sont aujourd'hui contenus par ses colons armés

L'orient et l'occident de l'Europe sont également menacés; en Turquie, en Grèce, en Espagne et en Portugal, on aperçoit une espèce de dissolution sanglante des corps politiques. En Allemagne, des vœux imposants sont toujours repoussés, et des promesses solennelles faites aux jours du danger ont été oubliées par ceux qui les firent. Dans la vieille Ibérie, le gouvernement éprouve beaucoup de difficultés à se consolider au milieu des écueils et des abîmes qui entourent le trône de la jeune reine. En Italie, le Scythe et le Sarmate refoulent dans leurs tombeaux l'ombre des Scipion et des Camille : mécontente du présent et redoutant un avenir encore plus sombre, la nation italienne retombe dans la misère et dans la dégradation dont *Napoléon* avait su l'affranchir un moment.

L'Angleterre elle-même, qui chaque jour perd son influence continentale, est dans toute sa surface une arène où le radicalisme exhale toutes ses fureurs contre un gouvernement qu'une puissante oligarchie attaque de son côté avec des armes formidables; et la Grande-Bretagne compte dans son sein plus d'indigents et de malheureux qu'il n'y en a, proportion gardée, chez aucune autre nation. Cependant l'Angleterre possède de nombreuses et brillantes colonies, et elles offrent de grands bénéfices à ceux qui vont y exercer leur industrie ou leur activité. Mais les prolétaires anglais sont en trop grand nombre,

et en voici la raison. Le sol de l'Angleterre, naturellement
ingrat, ne devient productif qu'à force d'intelligence, de
soins et d'engrais. Qu'on veuille bien évaluer combien
d'hectares d'un tel terrain il faut cultiver, pour en tirer
un revenu net de 45,120,000 francs. Eh bien! vingt
familles seulement possèdent cette superficie. Faut-il
nommer ces familles? Rien de plus facile, ce sont les ducs
de *Bedford*, de *Northumberland*, de *Bugleugh*, de *De-
vonshire*, de *Rutland*, de *Norfolck*, de *Linster*, de
*Portland*; les marquis de *Stafford*, de *Hertford*, de
*Lansdown*; les comtes de *Lonsdale*, de *Grosvenor*, de
*Fitz-Williams*, de *Dudley and Ward, Jersey, Powis,
Thanet*, de *Bridgewater* et le vicomte *Anson*, qui par-
tagent entre eux, dans des proportions que nous pourrions établir très aisément, ce revenu de 45,120,000 fr.
Il résulte d'autres documents que nous avons sous les
yeux, que les quatre cinquièmes du territoire britannique
appartiennent à la noblesse et à quelques négociants dont
le commerce éleva la fortune au niveau de celle des
rois. Il y a donc beaucoup trop de prolétaires en Angleterre, et le gouvernement, par les grands avantages qu'il
leur offre dans les colonies, en détermine un grand
nombre à aller y goûter les douceurs de la propriété. C'est
une garantie pour l'ordre public.

En France, il existe encore de l'agitation, les passions
fermentent, et de jeunes têtes exaltées par de vieux cer-
veaux, prenant la licence pour la liberté, réclament une
indépendance qui ne serait que de l'anarchie.

Où trouver la cause de cette agitation sombre et in-
quiétante qui se manifeste sur tous les points de l'Europe?
Dans la lutte de la force avec le droit, de l'égalité avec
le privilége, des illusions avec la vérité; en un mot, dans

les besoins impérieux des peuples qui demandent des institutions, et dans les refus obstinés de ceux qui les dénient. C'est par la raison et la justice que l'on gouvernera désormais les nations, et non par des proscriptions et des échafauds. Le siècle a marché, il marche encore, il faut le guider, d'accord avec la raison ; c'est en vain qu'on voudrait lui opposer des digues quelconques, elles s'écrouleraient toutes devant l'esprit du temps, comme l'antique forêt qui se brise avant d'être en contact avec la destructive avalanche.

Les gouvernements constitutionnels s'établissent de toute nécessité, parce que les progrès de la civilisation les réclament, et pour être stables, le chef de l'état doit commencer par enchaîner l'anarchie, qui, sous le masque de la liberté et toujours en son nom, ne prêche aux peuples que le désordre et les révolutions. Une puissance ne peut se régénérer qu'avec des principes, des mœurs et des lois ; hors de là, elle ne trouverait que désastre dans l'avenir.

Le premier soin des gouvernements doit être, sans contredit, de veiller avec sollicitude au bien-être des classes malheureuses de la société ; et alors que les pauvres et les prolétaires deviennent trop nombreux, c'est encore au gouvernement à pourvoir à leurs besoins, et à éviter que des masses turbulentes ne deviennent dangereuses pour la société. Les colonies sont d'une grande ressource pour offrir du travail aux individus laborieux, en leur faisant des concessions ; ils les cultivent eux-mêmes ; ils deviennent propriétaires à leur tour, et contribuent plus tard à la prospérité de la mère patrie.

Déja ceux qui se réjouissaient de nos malheurs, et qui ajoutèrent l'insolence au poids que notre rançon devait soulever, redoutent notre intervention, et cette crainte salutaire maintient la paix de l'Europe. Quelques hommes d'état étrangers ont toujours la France au bout de leur télescope, et au moindre signe de prospérité qu'ils s'imaginent y apercevoir, ils prennent l'alarme et la communiquent à toute la diplomatie. A les entendre, l'esprit de conquête vit encore dans nos cœurs, et n'attend qu'une occasion pour se développer avec plus d'énergie que jamais.

Oui, la nation a conservé son génie martial, il faut pour l'amortir une plus longue paix, et le gouvernement ne fera pas l'énorme faute de le laisser éteindre. Qui sait si quelque jour il ne faudra pas l'exciter contre l'ambition de ceux qui nous appellent ambitieux? Sans craindre la guerre, la France abandonne la carrière des combats au plus pressé de s'agrandir, bien certaine qu'il trouvera sur ses pas la ruine et les malédictions.

Si les alarmes que quelques puissances feignent d'éprouver sur nos dispositions belliqueuses sont dénuées de fondement, nous devons convenir qu'elles n'ont pas tort de se-demander avec inquiétude ce que deviendra dans quelques années la surabondance de notre population toujours croissante. Ce superflu se débouchait autrefois à Saint-Domingue, à l'île de France, à la Louisiane, et dans l'Inde. Il est prouvé que depuis 1789 notre population s'est accrue de huit millions d'ames, indépendamment de ce qui a péri dans la plus sanglante des révolutions. Si elle conserve ce mouvement progressif, comme on n'en saurait douter, la France aura bientôt plus de bras que n'en réclament nos ateliers et nos cultures, plus d'enfants qu'elle n'en pourra nourrir. Quand cet équilibre est détruit, toute nation devient conquérante en dépit de ses chefs. La ruche est trop étroite, il faut que l'essaim cherche fortune ailleurs. Où se jetteront ces hordes animées par la faim, poussées par le désir de posséder? Iront-elles au-delà des Alpes, sur le bord oriental du Rhin, ou franchissant les Pyrénées, se répandront-elles sur les plaines que la paresse espagnole abandonne aux ronces?

Ainsi parlent encore quelques diplomates européens, dix-neuf ans après la signature du fameux traité de 1815. Ils n'ignorent point cependant que le meilleur moyen qu'ait un état de dégorger la surabondance de sa population, c'est de coloniser; le commerce, la marine, et la prospérité des états reçoivent un nouvel accroissement, et les révolutions reculent devant le bonheur des peuples.

C'est à Paris, en réglant nos destinées, que le corps diplomatique devait soumettre à un profond examen ces réflexions très justes, mais aujourd'hui trop tardives; il fallait alors éclairer l'Angleterre, devenue enfin notre intime alliée, et à cette époque si active à nous dépouiller de nos établissements lucratifs; il fallait l'engager, du moins, à nous abandonner, pour y déboucher l'excès de notre population, quelques unes de ces terres lointaines qu'elle ne peut de long-temps mettre en valeur, mais dont elle s'arroge la propriété.

Ne vous a-t-on pas rendu, nous dira-t-on, la *Martinique*, la *Guadeloupe*, *Cayenne*, le *Sénégal*, *Bourbon*, *Pondichéry* et *Chandernagor?*

Il est vrai qu'on a rendu ces colonies à la France; mais outre que les deux premières sont des points imperceptibles, et que dans la troisième tout est à créer, l'abolition de la traite d'une part, et le dernier bill du parlement britannique sur l'émancipation des nègres de l'autre, les menacent d'une prochaine destruction ; et la France elle-même ne peut vouloir ni la traite, ni l'esclavage. Les protestations énergiques de l'assemblée coloniale de la Jamaïque ne laissent aucun doute sur le sort qui menace également les Antilles de toutes les nations.

Les établissements du Sénégal sont trop exigus et trop circonscrits, et nous nous bornons d'ailleurs à occuper la portion la plus insalubre d'un pays où devaient prospérer également la canne à sucre, le caféyer, le cacaotier et les arbres à épices. L'ancienne compagnie française du Sénégal, voulant obtenir des bénéfices immédiats sans faire aucun frais, ne considéra ces établissements que comme des entrepôts favorables au commerce et à la traite des noirs. Nous avons successivement abandonné *Portendick*, le *Galam*, *Joal*, *Abreda* sur la Gambie, *Condamel*, *Bentam*, *Portudal* et les îles de *Safal*, *Guéber* et *Babagué*, dont le gouvernement avait fait l'acquisition en l'an VIII ; le Sénégal n'est donc plus rien, il n'a aucune importance pour nous dans son état actuel. La Sénégambie anglaise est immédiatement placée au sud du Sénégal, et nous nous bornerons à une seule comparaison. A l'embouchure du Sénégal, la ville française de Saint-Louis reste stationnaire malgré les sacrifices que le gouvernement fait pour elle ; à l'embouchure de la Gambie, la compagnie anglaise d'Afrique déploie toute son activité, et dépense des sommes considérables pour arriver à son but. La ville de Sainte-Marie, son port, ses édifices publics, tout a été l'ouvrage spontané de cette compagnie ; le gouvernement s'est borné à l'encourager. Riche, active et philanthrope, elle met toute la nature en mouvement, tout s'anime à sa voix : les terres sont défrichées et mises en culture ; ses voyageurs remontent la Gambie jusqu'à sept cents milles dans l'intérieur ; ce fleuve est partout navigable et arrose des terres qu'ils ont reconnues susceptibles des plus riches et des plus abondantes cultures ; les indigènes quittent leurs sombres forêts, et, attirés par les avances et les flatteries de cette enchanteresse, ils viennent lui offrir leurs bras et consommer ses produits. On voit par là combien les résultats sont grands, lorsque le patriotisme des peuples vient soutenir les sacrifices des gouvernements.

L'île Bourbon nous a également été rendue, mais sans ports et sans abris pour la marine, elle n'a quelque prix que pour le possesseur de l'île de France. L'Angleterre gardant cette dernière, Bourbon n'a qu'une existence précaire en temps de paix, et se rendra au premier coup de canon, si la guerre éclate.

Peu de personnes se doutent pourquoi le comptoir de Pondichéry nous a été rendu. Lisez avec attention l'article relatif à cet établissement, vous sentirez comme nous que Pondichéry, avec des clauses si restrictives, n'est rien. Ne valait-il pas mieux abandonner ces insignifiants comptoirs de l'Inde, que de souscrire à des conditions aussi humiliantes ? Le plan d'empêcher la France d'avoir des colonies pouvait bien exister ; mais alors même qu'il eût reçu sa pleine et entière exécution, sa durée ne pouvait être éternelle. Tout dans la nature tend à reprendre ses droits.

Cet article du traité de Paris est ainsi conçu :

« ART. 12. De son côté, S. M. T. C., n'ayant rien plus
« à cœur que la perpétuité de la paix entre les deux cou-
« ronnes de France et d'Angleterre, et voulant contri-
« buer autant qu'il est en elle à écarter dès à présent, des

« rapports des deux peuples, ce qui pourrait un jour en
« altérer la bonne intelligence mutuelle (*parfaitement*
« *motivé!*), s'engage à ne faire *aucun ouvrage de for-*
« *tification* dans les établissements qui doivent lui être
« restitués, et qui sont situés dans les limites de la souve-
« raineté britannique sur le continent des Indes, et *à ne*
« *mettre dans ces établissements que le nombre de*
« *troupes nécessaire pour le maintien de la police.* »

En sorte qu'il ne dépend que des commissaires anglais,
quand ils font leurs rondes dans nos établissements, d'exiger qu'on renvoie en Europe une cinquantaine de soldats,
s'il leur plaît de les trouver redoutables pour l'empire an-
glo-indien. Et si les terribles Pindarées, ces Bédouins de
l'Hindoustan, viennent insulter nos comptoirs dénués de
fortifications, et ravager les jardins qu'on nous a permis
d'avoir autour, en fixant leur étendue; qui les défendra?
La police et ses soldats du guet.

Mais on a été plus loin encore, on a signé d'avance la
capitulation de nos comptoirs de l'Inde, en stipulant
qu'en cas de guerre entre les deux nations contractantes,
les colons et négociants français auraient trois mois pour
faire leurs paquets et retourner en Europe. Rappeler ici la
transaction relative à Chandernagor n'ajouterait rien à ce
que nous venons de dire pour convaincre nos lecteurs.

Nous venons de prouver que la France est à peu près,
ou sera bientôt sans colonies, et les puissances qui ne possèdent que des Antilles subiront la même loi, c'est celle
de la nécessité. En effet, les Antilles ne sauraient être cultivées sans nègres; on ne peut maintenir la population
noire en Amérique au même niveau qu'en la recrutant
par le moyen de la traite, et la traite est prohibée par
l'humanité, par la civilisation et par les lois.

Cependant ces puissances, et principalement la France, ont besoin de colonies pour y déverser l'excès de leur population, et ouvrir de nouveaux débouchés aux produits des manufactures et au commerce en général.

Il y a un fait qui domine tous les autres, c'est qu'aujourd'hui chaque nation tend à se suffire à elle-même et à trouver sur son propre territoire ou dans ses possessions lointaines, les denrées qui manquent à sa consommation, comme elle veut acheter dans ses fabriques tous les objets que pourrait lui fournir l'industrie étrangère : un peuple éclairé sait parfaitement que tout son numéraire s'écoulera au dehors, en restant tributaire du commerce et de l'industrie d'un autre peuple. La France ne doit donc attendre des débouchés solidement productifs, que de ses propres efforts soutenus par des avances, dont elle ne doit pas se borner à calculer la quotité, mais bien les résultats positifs, afin de les rendre plus populaires. Colonisons, on ne saurait trop le répéter, colonisons; et si l'Algérie ne remplit pas les conditions voulues, s'il est catégoriquement démontré que ses peuplades sont incivilisables, et qu'elle doit absorber inutilement les ressources de la France, hâtons-nous de l'abandonner. Qu'une de ces terres encore vierges, qui sur le globe sont inutiles à l'humanité, reçoive ceux de nos frères que le sol natal ne pourra nourrir, et ceux qui auront mérité de n'en plus respirer l'air. Ils auront des besoins et recevront les produits de nos fabriques; en échange desquels ils nous transmettront ces productions lointaines, dont notre luxe ne saurait plus se passer.

Nous venons de dire que cette nouvelle colonie recevrait dans son sein les Français qui auront mérité de ne plus respirer l'air de la mère patrie, mais hâtons-nous de dire que nous voudrions deux établissements séparés, n'ayant rien de commun, mais assez à portée l'un de l'autre pour pouvoir s'entre-secourir au besoin. Le premier, rapproché des côtes et beaucoup plus grand, constituerait la colonie; le second, situé vers l'intérieur, recevrait nos condamnés aux fers et à l'exil, à l'exception toutefois des condamnés à perpétuité que la société a pour toujours rejetés de son sein. Rendons justice au gouvernement anglais qui fut admirablement bien inspiré, lorsque, supprimant ces gouffres de corruption, qu'on appelle bagnes, il conçut l'espérance de ressusciter dans le cœur des condamnés la honte du crime et les remords. Le succès a surpassé l'attente qu'on avait en perspective; et ces malfaiteurs que la métropole a rejetés de son sein, comme une écume impure, transportés au port Jackson, à Botany-Bay, et à Sydney-Cowe, semblent changer de mœurs en changeant de climat. Une administration toute paternelle leur a inspiré le goût du travail. Elle leur fournit des semences, des instruments aratoires; leur concède des terrains, dont ils achètent la propriété par la culture, et leur fournit enfin des vivres, jusqu'au moment où leurs propres récoltes peuvent suffire à leurs besoins et à ceux de leur famille. Le gouvernement de la Nouvelle-Galles du Sud les élève ainsi par degrés jusqu'au sentiment de la vertu. Punir un malfaiteur et le séquestrer de la société tant que doit durer sa peine, est une tâche trop facile pour être glorieuse; mais éclairer ce malheureux, le préserver de ce fatal découragement qui éteint tout principe d'honnêteté; faire pénétrer le repentir dans son ame; le rendre tel, en un mot, que la patrie puisse sans rougir lui rouvrir les bras ; voilà le triomphe de l'administration ; et ces admirables résultats, le gouvernement anglais les a obtenus aux antipodes de la métropole.

La Nouvelle-Galles du Sud n'est plus un repaire de scélérats ; mais une florissante colonie qui consomme les produits de plusieurs fabriques de la mère patrie.

Jusques à quand, esclaves de la routine, entasserons-nous dans nos ports les malheureux galériens ? et quand verrons-nous finir la misère et l'inaction de ces condamnés qui languissent dans des forts en attendant qu'un lieu de déportation ait été fixé? L'ostracisme n'est-il pas préférable à la peine des travaux forcés à temps? n'est-il point assez prouvé qu'à la fin de leur ban nos galériens, devenus scélérats accomplis, sont plus redoutables que jamais? On leur a rendu la liberté, il est vrai, mais s'étant endurcis dans les bagnes, courbés sous leur abjection morale, la plupart ne font que traverser la société et vont mourir sur l'échafand. Sachons donc profiter de l'expérience que l'Angleterre a faite à ses frais, et tâchons de transformer le rebut de notre espèce en ouvriers, en cultivateurs, en négociants même : car il y en a plusieurs à Port-Jackson, à Sidney-Cowe et à Van-Diémen, qui sont aujourd'hui à la tête d'un commerce considérable. L'Algérie est assez vaste pour les deux établissements dont nous avons parlé; une bonne surveillance sur le littoral, le désert, et les Arabes qui le parcourent, seront des garanties suffisantes pour que nos condamnés et nos exilés ne rompent pas leur ban.

Nous avons perdu la plus florissante des colonies en perdant Saint-Domingue; cette colonie était pour la France une source inépuisable de trésors, puisqu'en 1789, époque de sa plus grande prospérité, elle produisit au-delà de

190 millions, et que le commerce d'importation et d'exportion fit mouvoir, en productions et en marchandises, plus de 600 millions de valeurs. La partie française devait toute sa splendeur à l'activité et à l'industrie des colons, car elle est hérissée de montagnes; pendant que la partie orientale, livrée à l'indolence espagnole, malgré la fécondité de ses immenses plaines, ne produisit en 1818 que 5 millions 590,000 francs.

Encore sommes-nous forcés de faire remarquer que, dans ce total, quarante-deux mille madriers d'acajou figurent pour la somme de 3,390,000 francs; on n'eut que la peine de les abattre, et les frais de culture de ce genre ne sont pas très coûteux. Le traité de Paris nous obligea aussi à abandonner la partie orientale de Saint-Domingue, dont nous n'avions pas su apprécier la valeur pendant vingt-un ans de possession; et là, comme sur tous les points du globe, nous avons laissé un bel exemple d'héroïsme militaire, et l'histoire a inscrit dans ses pages la brillante défense de *Santo-Domingo* par le général Ferrand.

Nous allons examiner avec la plus scrupuleuse impartialité si l'Algérie peut offrir à la France les ressources dont elle a besoin pour répondre avec fruit aux nécessités que nous avons établies dans ce premier chapitre, ayant essayé de le réduire, autant qu'il nous a été possible de le faire. Nous établirons avant tout qu'il faut se résoudre à faire de grands et de nouveaux sacrifices pour arriver au but; car, avec une occupation pure et simple et des demi-mesures, on n'obtiendra, dans notre opinion du moins, aucun résultat, et c'est pour nous une vérité tellement bien sentie, que nous ne craindrons pas de la répéter plusieurs fois.

# CHAPITRE II.

La France n'est pas la première puissance qui ait eu le projet de civiliser et de coloniser l'Algérie.

Ce n'est pas la première fois qu'un gouvernement européen a jeté les yeux sur la côte septentrionale de l'Afrique, comme pouvant servir de débouché pour le *trop plein* de sa population. Il fallait, pour arriver à ce but, commencer par détruire le nid de pirates qui, fortifiés dans Alger, menaçaient sans cesse le commerce européen, *et tenaient, pour ainsi dire*, la chrétienté *en coupe réglée*; il était temps enfin d'affranchir les monarques européens du honteux tribut qu'ils payaient à un misérable et cruel despote. C'est un fait accompli aujourd'hui par les armes de la France.

Déja, en 1816, peu de temps après la brillante expédition de lord Exmouth, le peuple anglais laissa percer tout son mécontentement des faibles résultats que le gouvernement britannique avait obtenus en compensation des pertes et des sacrifices que lui avait coûtés le beau fait d'armes du célèbre amiral.

Le cabinet de Londres était-il unanime dans la résolu-
tion prise de rappeler l'escadre anglaise immédiatement
après la capitulation d'Alger? Non sans doute; et il était
constant alors qu'une portion du ministère partageait l'o-
pinion de la nation britannique, sur la nécessité de conserver la possession de la régence d'Alger.

A cette époque, l'Angleterre colonisait cependant les
rives de la *Gambie,* celles du *Rio Grande* et de la
*Sierra Leone;* elle transportait ses nègres *libérés* dans la
Sénégambie, et mettait en culture le plus riche sol du
monde. Pendant qu'elle établissait sa puissance sur la côte
occidentale de l'Afrique septentrionale, et qu'elle y élevait, comme par enchantement, les villes de *Léopold* et
de *Regent's Town,* de *Free Town,* de *Sainte-Marie*
et de *Kissey,* elle fondait, à l'extrémité méridionale du
continent africain, l'immense colonie située au nord du
cap de Bonne-Espérance, et traitait avec le roi caffre
Gaïka, pour assurer la tranquillité de ses colons. Par des
prodigalités sagement et judicieusement employées, elle
obtenait d'immenses résultats en *Océanie,* en civilisant
les insulaires des *Sandwich,* ceux des archipels de la Société et des Amis; en s'établissant à la Nouvelle-Zélande et
à Norfolk, en faisant, enfin, de la Nouvelle-Hollande une
riche succursale de la métropole. Le gouvernement anglais faisait plus encore, il élevait à *Botany-Bay,* à *Port-
Jackson* et à *Sidney-Cowe,* le plus beau monument que
les temps modernes aient vu consacrer à la philan-
thropie.

Un écrivain politique, un publiciste anglais, M. Lewis
Goldsmsith, ne nous dirait peut-être pas, même aujour-
d'hui, si la lettre qu'il écrivit au prince régent, le 24 avril
1816, avait été, oui ou non, communiquée par lui à

lord Liverpool, avec lequel il était dans l'intimité. Ce qu'il y a de bien positif, c'est qu'à la même époque, il parut en Angleterre un nombre infini de brochures sur la nécessité de coloniser Alger. Voici comment s'exprimait M. Lewis Goldsmith :

« L'Afrique septentrionale fut jadis le grenier de « Rome ; et occupée par une population industrieuse, « elle pourrait être aussi utile aux Européens que les di- « vers peuples de l'Europe le sont les uns aux autres. Pour- « quoi donc ne pas y transporter la surabondance de notre « population, pour y former une vaste colonie? Nous enri- « chirions la métropole, et nous enlèverions, par cela seul, « aux États-Unis d'Amérique l'immense ressource sur « laquelle ils comptent pour devenir puissance du pre- « mier ordre. Ce projet, qui est loin d'avoir été aban- « donné *par quelques membres du cabinet*, a été for- « tement recommandé par tous ceux qui ont écrit sur « l'économie politique. Sous un point de vue moral, au- « tant que sous le rapport du commerce, la côte boréale « de l'Afrique est située plus commodément pour la « Grande-Bretagne que toutes les contrées éloignées « qu'elle s'est empressée d'aller occuper; et *si nous avons* « *rendu heureuses des nations entières dans l'Inde, en* « *les délivrant de la tyrannie* (ceci est fort curieux), pour- « quoi ne nous intéresserions-nous pas de même pour « des nations qui sont plus voisines et qui *seraient pour* « *nous la source des plus grands avantages?* »

Le retour de lord Exmouth en Angleterre surprit bien du monde, et l'enthousiasme qui avait éclaté à la première nouvelle de son brillant triomphe fit place à un mécontentement général, suite de l'espoir non réalisé de voir coloniser la régence d'Alger. Ce fut à tort que certains

écrivains, ennemis déclarés de la France, voulurent pré-
tendre que le cabinet des Tuileries avait vu avec déplaisir
l'expédition de lord Exmouth, et qu'une frégate française
croisant à la hauteur d'Alger avait communiqué avec le
dey pour lui donner connaissance des projets de l'amiral
anglais, projets dont à coup sûr il n'avait fait la confidence
à personne. Il est plus raisonnable de penser que le moment d'effectuer cette conquête, ou du moins celui d'en
tenter l'exécution, n'était pas arrivé, et que ce fut l'unique
cause du résultat inattendu par les Anglais.

Voici en quels termes l'*Anti-Gallican* s'exprimait,
après avoir dit qu'il était fâcheux que l'amiral Exmouth
n'eût pas pris possession d'Alger au nom de S. M. le roi
de la Grande-Bretagne.

« L'extension du commerce anglais est un des grands
« avantages qui pouvait être espéré de la prise de posses-
« sion d'Alger, certainement cet avantage n'aurait pas sa-
« tisfait spontanément l'avidité de certains spéculateurs
« entreprenants; mais il n'est pas douteux que les manu-
« factures anglaises n'y eussent trouvé un grand débouché
« pour leurs produits. »

Insistant sur la prise de possession d'Alger, l'auteur continue en ces termes : « Nous ne demanderions aucun tri-
« but aux Algériens,..... nous ne nous mêlerions en rien
« de leurs affaires domestiques, qu'en ce qui concernerait
« notre propre sûreté;..... nous respecterions leurs usages
« et leurs coutumes; nous ne troublerions en rien l'exer-
« cice de leur religion; nous les encouragerions à faire
« observer et respecter leurs propres lois; en un mot,
« nous leur procurerions le bonheur par tous les moyens
« qui sont en notre pouvoir. La richesse et la prospérité
« de l'Angleterre sont consolidées en excitant l'industrie,

« et en rendant heureux les pays avec lesquels elle est en
« rapport. »

Après avoir détaillé avec une scrupuleuse exactitude
tous les avantages que le commerce anglais retirerait de
la possession de la régence d'Alger, l'auteur passe rapidement aux avantages d'une autre nature, non moins im-
portants pour la Grande-Bretagne, dit-il, et il nous semble utile de le citer encore.

« Alger peut être un point de communication de la
« plus haute importance; un dépôt pour notre commerce
« avec tous les états de la Méditerranée; ce serait en
« effet une addition de grande valeur à cette chaîne de
« postes militaires, par laquelle la puissance maritime de
« l'Angleterre est soutenue dans cette partie du monde.
« Alger ajouté à Malthe, à Gibraltar, à Corfou et aux îles
« Ioniennes, mettrait le commerce méditerranéen, *cœ-*
« *teris paribus*, aussi bien en notre pouvoir que celui de
« la mer du Nord et de la mer d'Allemagne.

Il est utile de faire remarquer que la lettre écrite par
M. Lewis Goldsmith au prince régent, était antérieure à
l'expédition de lord Exmouth; et dans un ouvrage que ce
publiciste a fait paraître en 1822, il s'exprime ainsi :

« Je faisais observer à S. A. R. le prince régent, que la
« Grande-Bretagne était forcée par sa position, à raison
« de sa prééminence navale, par son intérêt et pour l'hon-
« neur national, de prendre l'initiative dans cette entre-
« prise généreuse, juste et nécessaire, et que Buonaparte
« lui-même avait résolue, comme il résulte du traité secret
« de Tilsitt, ainsi conçu. »

Art. Iᵉʳ. « La Russie prendra possession de la Turquie

« d'Europe, et poursuivra ses conquêtes en Asie aussi
« loin qu'elle le jugera nécessaire à ses intérêts.

ART. II. « La dynastie de Bourbon en Espagne, et la
« maison de Bragance en Portugal, cesseront de régner :
« un prince de la famille de Napoléon sera appelé au trône
« de ces royaumes.

ART. III. « L'autorité temporelle du Pape cessera ; et
« Rome et ses dépendances seront annexées au royaume
« d'Italie.

ART. IV. « La Russie s'engage à seconder la France
« avec sa marine pour faire la conquête de Gibraltar.

ART. V. « Les villes d'Afrique telles que Tunis et
« Alger seront prises par les Français, et à la paix géné-
« rale, toutes les conquêtes qu'auraient pu faire les Fran-
« çais en Afrique seront données en indemnité aux rois
« de Sardaigne et de Sicile.

ART. VI. « Malte sera occupée par les Français, et
« jamais la paix ne sera faite avec l'Angleterre tant que
« cette île n'aura pas été cédée à la France.

ART. VII. « L'Égypte sera également occupée par les
« Français.

ART. VIII. « Il ne sera permis qu'aux navires russes,
« français, espagnols et italiens de naviguer dans la Mé-
« diterranée, à l'exclusion de tout autre pavillon.

ART. IX. « Le Danemark sera indemnisé dans le nord
« de l'Allemagne par la cession des villes anséatiques,
« sous la condition expresse de céder sa flotte à la France.

ART. X. « Les empereurs de Russie et de France s'ef-
« forceront d'obtenir par un arrangement positif, qu'au-

« cune puissance ne puisse envoyer de navires marchands
« à la mer, si elle n'a une marine militaire disponible. »

*Signé*, KOURAKIN, *L. S.*

*Signé*, C. M. TALLEYRAND,
PRINCE DE BÉNÉVENT. *L. S.*

Tilsitt, le 7 juillet (25 Juin) 1807.

Napoléon avait donc conçu le projet de s'emparer des
régences barbaresques ; eh bien ! ce que la France ne fit
pas alors, l'Angleterre devait l'exécuter après l'expédition de l'amiral Exmouth, et voici comment le publiciste
anglais continue à s'exprimer : « Le gouvernement turk
« d'Alger pille les indigènes, et ne leur donne rien en
« échange. Dix mille Turks oppriment, dans une étendue
« de six cents milles le long des côtes de la Méditerranée,
« des peuples qui les détestent, et ils étendent leur pou-
« voir et l'esclavage aussi loin que leur épée peut attein-
« dre. Les soldats turks parcourent la contrée par bandes,
« et pillent à volonté, étant bien certains de l'impunité.
« J'ai dit dix mille Turks, mais je crois cette évaluation
« trop forte. Le célèbre voyageur Shaw calcule la force
« des Turks dans la régence d'Alger à six mille cinq cents
« hommes, dont deux mille environ sont trop vieux, ou
« incapables de servir. Si une force aussi minime et com-
« posée de Turks, qui sont les plus indisciplinés des sol-
« dats, est suffisante pour assujettir une population de
« deux millions d'ames, on doit croire qu'un égal nom-
« bre de soldats européens la maintiendrait tout aussi
« bien, surtout si avec de bons procédés on parvenait à
« obtenir la coopération d'une partie des indigènes. Si
« Buonaparte avec quarante mille hommes a pu sou-
« mettre l'Égypte et la Syrie, détruire les Mameluks, et
« assujettir les pachas turks de cette partie du monde,

« dira-t-on que nous ne pouvons pas garder Alger avec le
« quart de cette force? Buonaparte eût fait bien plus
« encore, s'il n'en avait été empêché par l'Angleterre. »

Il est certain que M. Lewis Goldsmith jugeait très bien
de l'importance d'Alger pour la nation qui saura s'y fixer,
et que ce qu'il dit de l'Algérie, dans l'ouvrage qui a pour
titre, *Observations sur la nomination du right hon.
sir Georges Canning au ministère des affaires étrangères*, est parfaitement exact. Il termine ainsi : « Nous de-
« vions prendre possession d'Alger et nous y établir : et
« je signale comme une grave erreur de la part de notre
« gouvernement de ne l'avoir pas fait. Nous aurions con-
« verti les états barbaresques en un nouvel empire colo-
« nial, et la surabondante population des divers états de
« l'Europe y arrivant de toutes parts, nous eût bientôt
« remboursé de nos avances par l'accroissement de notre
« prospérité commerciale, et celle de notre influence po-
« litique; l'état d'Alger fût enfin devenu un des plus
« brillants apanages de la couronne britannique. »

L'Angleterre avait donc conçu l'idée de prendre possession d'Alger, et si ce projet n'a pas été en effet celui
du gouvernement, on ne saurait contester du moins
qu'il avait été adopté avec enthousiasme par le peuple
anglais; car rien ne saurait compenser pour le commerce
d'une nation l'avantage d'avoir à proximité une colonie
vaste, et féconde en produits qu'il est obligé d'aller chercher à deux et trois mille lieues de la métropole. Rien ne
saurait remplacer pour un gouvernement l'extrême avantage de faire exécuter ses ordres au bout de cinq ou six
jours, au lieu d'attendre un an avant d'en connaître les
résultats, comme cela arrive à l'Angleterre par rapport à
Sincapoore, à la Nouvelle-Galles du Sud et à Norfolk, qui

sont aujourd'hui au nombre de ses plus florissantes colonies.

La France possède Alger par droit de conquête; une navigation de deux à six jours, suivant que les vents sont plus ou moins propices, suffit pour atteindre ce beau climat, qui voit mûrir sur le sol le plus fertile la plupart des récoltes intertropicales. Alger est aujourd'hui d'une nécessité absolue pour la France, et ce serait s'aveugler volontairement que de douter de l'opinion de l'immense majorité des Français à cet égard. Maîtresse de Gibraltar, de Malte et de Corfou à l'entrée de l'Adriatique, la Grande-Bretagne n'a pas besoin d'Alger pour affermir sa puissance dans la Méditerranée, et elle doit voir une garantie nouvelle dans la possession de l'Algérie par la France, car les anciennes règles de la diplomatie ne sont plus de saison, et la politique se présentant sous un nouvel aspect, par suite de l'attitude qu'a prise la Russie en Orient, ce qui aurait dû l'offusquer en 1816 doit lui sembler utile en 1834; d'ailleurs, essentiellement prévoyant, le cabinet de Londres observe Tripoli : une station permanente y est établie; et la France, qui exerce une influence prépondérante à Tunis, ne peut ni ne doit s'inquiéter de ce qui arrivera indubitablement à Tripoli. Lorsque les intérêts se confondent et deviennent identiques, toute rivalité doit cesser entre les nations.

# CHAPITRE III.

## ETNOGRAPHIE OU STATISTIQUE POSITIVE.

————◆————

### ARTICLE PREMIER.

#### Géographie physique, situation et limites.

Il a paru en France depuis la conquête d'Alger une foule d'ouvrages et de brochures, sur l'état, la population, les productions et la statistique de cette régence. Parmi ces ouvrages, celui de M. le général Juchereau de Saint-Denis donne une idée assez positive de ce pays; mais en jugeant des hommes et des choses, cet officier-général n'a pu parler des provinces de Trémescen et de Constantine avec cette précision dont il ne s'écarte jamais quand il décrit ce qu'il a vu, et qu'il a vérifié par lui-même les assertions du docteur Shaw et de Shaller, qui ont publié sur le pays d'Alger les meilleures relations que nous ayons.

Le pays d'Alger, que nous trouvons plus simple de désigner sous le nom d'ALGÉRIE, présente deux cent quatorze lieues de côtes depuis l'embouchure de *l'Oued-*

*Malva*, aux confins de l'empire de Maroc, dans la province de Trémescen ou d'Oran à l'ouest, jusqu'à celle du *Tusca* ou *Oued zaine* qui se jette dans la Méditerranée vis-à-vis l'île de Tabarca, qui appartient à la régence de Tunis. Sa largeur est inégale et peu connue ; mais la géographie physique ne peut lui assigner d'autres limites que celles du désert de Sahara, car aucun chef ne réclame la souveraineté du Bilédugérid ou pays des dattes ; et les peuples nomades de ce pays font essentiellement partie de la nation qui occupe le versant septentrional de l'Atlas ou petit Atlas. Ce sont les mêmes mœurs, les mêmes usages, les mêmes intérêts, et le même langage ; c'est surtout la même religion qui unit ces diverses tribus entre elles ; or ce sont bien là les conditions premières, disons mieux encore, ce sont les conditions expresses qui forment la nation ; car hors de là, il n'existe plus que des peuples agglomérés, assujettis par la force, soumis par la crainte, et gouvernés en dehors du droit : ces états faibles, sans homogénéité et vulnérables en tous points, ne sauraient avoir qu'une existence éphémère, quel que soit l'éclat dont ils peuvent briller passagèrement.

Cette immense étendue de terre, qui égale presque la surface de la France, nous appartient par droit de conquête, et puisque toutes les puissances de l'Europe tendent à s'agrandir, et se sont agrandies en effet, il serait difficile de convaincre la nation française que son gouvernement a eu tort de venger l'outrage qu'elle avait reçu d'un chef de forbans, et qu'elle est répréhensible de vouloir conserver une terre arrosée du sang de ses enfants.

Le territoire de la régence est divisé en deux portions distinctes par les Arabes, le *Talle* ou Tell et le *Sahara*.

Le Talle, situé au septentrion, jouit d'un climat délicieux et se compose de belles plaines, de vallées et de petites montagnes. Le Sahara est beaucoup plus chaud et mêlé de déserts sablonneux qui se rattachent au grand désert, c'est-à-dire à ce vaste océan de sables mouvants qui sépare la Barbarie de la Nigritie; solitudes effrayantes, où des vents impétueux font et défont des montagnes avec la rapidité de l'éclair; lieux désolés, où l'on ne trouve ni rochers, ni arbres, ni lacs, ni rivières, où nulle verdure enfin ne rappelle au voyageur égaré, quel est l'emblème de l'espérance.

On trouve cependant avant d'arriver aux confins du grand désert, et dans la partie sablonneuse du Sahara, plusieurs villes situées dans des oasis, ou bâties auprès de quelques ruisseaux, ou de quelques sources, telles que *Mezabbe*, *Laghwat*, *Gumra*, *Bourgh*, *Biskara*, et quelques autres.

On rattache au système atlantique, disons atlaïque, toutes les hauteurs de la région du *Maghreb*, c'est-à-dire les montagnes des états barbaresques, ainsi que les élévations qui sont dispersées dans le désert. Il paraît que la chaîne principale s'étend depuis le cap *Noun*, sur l'Atlantique, jusqu'à l'est de la grande Syrte, dans la régence de *Tripoli*. Dans ce vaste espace, elle traverse le nouvel état de *Sidy Hescham*, l'empire de *Maroc*, la régence d'*Alger*, et celles de *Tunis* et de *Tripoli*. C'est dans l'empire de Maroc, à l'est de cette ville et au sud-est de celle de Fez, que cette chaîne offre les plus grandes hauteurs connues de tout le système : elle diminue ensuite d'élévation en avançant vers l'est, de manière que les sommets qui s'élèvent dans l'état d'Alger sont plus hauts que ceux du territoire de Tunis, et ces derniers

plus élevés que ceux situés dans la régence de Tripoli.
Plusieurs chaînes secondaires se détachent en différentes
directions de cette chaîne principale ; nous citerons entre
autres celle qui va finir au détroit de Gibraltar dans l'empire de Maroc. Plusieurs chaînons secondaires semblent
lier l'une à l'autre les chaînes collatérales qui sillonnent
le territoire algérien et celui de Tunis. On nomme *petit
Atlas*, les montagnes du pays de *Sous*, par opposition
au nom de *grand Atlas*, qui est donné aux montagnes
élevées de l'empire de Maroc. Dans la partie de la chaîne
principale, nommée monts *Gharian*, au sud de Tripoli,
se détachent plusieurs rameaux peu élevés, qui, sous les
noms de mont *Maray*, mont *Haroudjé Blanc*, mont *Haroudjé Noir*, mont *Tiberty*, mont *Tiggérendoumma*,
et autres noms moins connus, sillonnent les immenses
solitudes du désert de Libye et du Sahara.

L'Atlas est plus élevé dans sa partie occidentale, avons-
nous dit, que dans le reste de son immense développement ; c'est aussi dans la partie occidentale des Pyrénées
que l'on remarque les plus hautes cimes : le mont *Perdu*,
le *Vignemale*, le *Marboré* et la *Maladetta*, surpassent
de trois cents toises l'élévation du *Canigou*, sommité
culminante de la partie orientale. Dans les Alpes, le gi-
gantesque *Mont-Blanc*, le *Mont-Rosa*, le *Schreck-horn*,
la *Jung-Frau*, le *Wetter-horn*, sont également situés
dans la partie occidentale de la chaîne. C'est donc un fait
digne d'être remarqué, que dans ces trois grandes chaînes,
qui courent également dans la direction de l'ouest à l'est,
les plus hautes sommités sont placées dans la partie occidentale.

Sur la chaîne du petit Atlas, viennent s'appuyer per-
pendiculairement des chaînes secondaires, qui partent des

promontoires élevés du littoral de la Méditerranée; les monts *Jurjura* et le *Félizia* se distinguent par leur élévation de douze et treize cents toises au-dessus du niveau de la mer. Entre *Boujéia* et *Constantine*, à l'est de *Sétif*, on aperçoit de la côte des montagnes couvertes de neiges permanentes. Le *Waneseris* a quatorze cents toises d'élévation. Les pics de *Souamma* atteignent la hauteur de quinze ou seize cents, au sud de *Tagadempt*, dans la province de Trémescen. Et pour prouver que le système que nous avons établi plus haut est fondé sur des faits, nous citerons les sommités de l'Atlas occidental situées au nord de *Téza*, dans l'empire de Maroc, et qui ont une élévation de dix-huit et dix-neuf cents toises, pendant que des sommités à l'est de Fez dépassent deux mille et deux mille deux cents toises de hauteur.

Des vallées profondes, d'immenses et fertiles plaines, séparent les diverses chaînes de montagnes dont nous venons de parler, et des pics, chargés de neiges éternelles, s'élèvent aux bords des sables brûlants du Sahara; il est dès lors facile de concevoir combien le climat de l'Algérie est varié, et pourquoi le palmier, l'oranger, le citronnier, l'olivier et le caroubier croissent avec vigueur sur la côte, à Bône, à Alger, à Bélida, à Mostaghanem, pendant que le chêne, l'ormeau, le peuplier, le pommier et le cerisier se retrouvent aux portes de Constantine, à Médéah, et dans les bois des montagnes de Boujéia, *Bougie*.

Un grand nombre de rivières s'échappent des flancs boisés de l'Atlas; celles qui prennent leur direction vers le sud, vont se perdre, après avoir arrosé le pays des dattes, aux confins du désert dans un grand nombre de lacs salés, et les courants qui prennent leur direction vers le nord divisent la régence d'Alger en différentes

vallées remarquables par la profondeur de la terre végé-
tale, et la richesse d'un sol que couvrent les plus brillantes récoltes. Au nombre de ces rivières, qui font de
l'Algérie une des contrées les mieux arrosées du globe,
je citerai principalement le *Chellif*, l'*Oucajer*, le *Ma-*
*zaffran*, l'*Arratch*, l'*Hamis*, l'*Oued Zeitoun*, l'*A-*
*dour*, l'*Oued Ajebby*, le *Bouberak*, le *Suffimar*, la
*Seybouze* et la *Mafrag*. Le Suffimar est navigable des
environs de Constantine à la mer.

Le Chellif surtout est remarquable par sa profondeur
et le volume des eaux qu'il porte à la Méditerranée. C'est
par cette belle rivière, qui peut être remontée jusque
dans les environs de Médéah, et par un de ses affluents
jusqu'auprès de Maskara, qu'arriveront un jour les produits de l'Afrique centrale.

### ARTICLE SECOND, § 1er.

#### Productions et physiographie.

Toutes nos céréales réussissent à merveille sur le sol
algérien; les blés d'Arzéou, de Mostaghanem, de Tes-
sailah, de Leidoure et de Bône, ne le cèdent en beauté
ni en qualité à aucun autre blé produit sur les marchés
européens. Ils ont de plus l'avantage de se conserver très
long-temps, surtout celui que les Arabes nomment *mat-*
*moury*; ils l'enfouissent dans des silos perfectionnés, et
on peut s'en procurer qui est enfermé depuis plus de
trente ans.

La vigne, qui croît naturellement sur tous les points
de la régence, et qui était cultivée avec soin dans les
environs d'Alger, a produit des vins de très bonne qua-

lité. Par suite de quelques essais faits avant et d puis la conquête, soit à Alger, soit à Bône, où nous avons été à même de vérifier ce fait, nous avons remarqué qu'il y a une grande analogie entre les vins du territoire algérien et ceux de l'Andalousie et de Sicile; on a même recueilli un vin exquis sur la côte de Bizerte, non loin de la Calle de France, dans la province de Constantine.

Le maïs est véritablement sur sa terre de prédilection en Algérie; il croît avec une vigueur surprenante dans le beylik de Constantine.

Mais ce n'est pas pour procurer à la France des denrées que son sol fournit avec abondance, que la colonisation d'Alger lui serait avantageuse, je dis même d'une grande utilité, c'est afin d'affranchir la métropole de l'énorme tribu de 160 millions qu'elle paie annuellement au commerce étranger, pour l'achat des denrées intertropicales, devenues aujourd'hui de première nécessité pour alimenter ses nombreuses fabriques; denrées que nos atômes de colonies ne pourront bientôt plus nous fournir; car 'la philantropie intéressée de l'Angleterre, l'abolition complète de la traite des noirs, le dernier bill du parlement britannique pour leur émancipation, nous laissent entrevoir d'une manière très précise ce que seront bientôt Cayenne, la Martinique et la Guadeloupe. L'assemblée coloniale de la Jamaïque l'a parfaitement démontré en dernier lieu, et le nouveau gouverneur-général, marquis de Sligo, recevra de nouvelles réclamations péremptoires à son arrivée à King's-town. Mais qu'importe à l'Angleterre de perdre ses Antilles? les Indes occidentales ne sont plus rien pour elle; ce n'est pas dans cet hémisphère qu'elle a placé son *væ victis*, et toutes les Antilles périssant à la fois, le commerce britannique n'en demeurera pas moins le pourvoyeur universel de tous les marchés de l'Europe ; car l'Angleterre a d'autres colonies, riches, immenses, fertiles, et qui ne sont pas cultivées par des noirs.

On conçoit aisément, d'après la différence des niveaux où sont situés les divers territoires de la régence, qu'une grande variété de productions doit être le résultat de la culture ; la nature des divers terrains doit aussi être prise en considération, car les terres légèrement sablonneuses et profondes qui forment le sol de l'immense plaine de la *Seybouze*, celles de la *Mafrag*, de la *Boujima* et de la *Calle* dans le territoire de Bône, n'ont aucun rapport avec les terres fortes et colorées par l'oxide de fer, qui s'étendent du *Collo*, de *Gizéry*, de *Stora* et *Boujéia* jusqu'au delà de *Constantine* et de *Setif*. Il n'y a certainement aucune analogie entre les terres grasses situées dans les plaines de *Mostaghanem*, de *Mascara*, et de *Trémescen*, et les terres sablonneuses des oasis du *Bilédu-gérid*. C'est surtout dans ces terres fortes et colorées, qui se retrouvent sur tous les points de la régence, et surtout dans l'intérieur du pays, que nos céréales atteignent le plus haut degré de production : et pour donner une idée de la quantité de blé qu'on peut exporter des ports de l'Algérie, nous dirons, qu'il y a peu d'années il fut vendu, à Bône seulement, la quantité de sept cent quatre-vingt six mille mesures de grains, orge et blé, dans une seule saison.

Le sol de l'Algérie est donc favorable au même degré aux cultures de l'Europe et à la majeure partie des productions intertropicales. Le climat de la régence, dans sa partie septentrionale surtout, est parfaitement semblable à celui de l'Andalousie, de la Calabre et de la Sicile ; et la fraîcheur des terres y est entretenue par d'abondantes rosées, comme dans tous les pays où de hautes montagnes dominent les plaines et les vallées. Ces terres sont parcourues aussi par les nombreux cours d'eau qui s'échappent de l'Atlas: et partout où nous avons creusé la terre, nous avons trouvé l'eau à une très petite profondeur.

La Mitidja, dont on parle beaucoup trop et pour ainsi dire d'une manière exclusive, quoique les plaines du Chellif et de la Seybouze lui soient supérieures sous tous les rapports, la Mitidja, dis-je, semble être suspendue sur un lac souterrain; le Mazaffran, l'Arratch et les nombreuses sources de Bélida, que l'on peut à volonté faire servir aux irrigations sur une surface de quatre cent mille hectares environ, semblent mettre cette portion du territoire d'Alger à l'abri de ces destructives sécheresses, qui viennent par fois ruiner l'Andalousie. Les belles et riches plaines de Bône sont absolument dans le même cas que la Mitidja; car rien n'est plus facile que d'employer les eaux abondantes de la Seybouze à arroser en tous sens les vastes plaines situées entre les tribus de *Béni-Salah*, des *Merdass* et la ville de Bône. La Mafrag peut rendre les mêmes services sur le littoral qui conduit de Bône à la Calle de France, et la belle plaine des Karezzas, arrosée naturellement par la Boujima, demande au contraire, comme la salubrité de Bône l'exige impérieusement, que cette rivière, qui vient du grand lac des *Kajettas* et *Sénejas*, soit détournée au-dessus d'Hippone et rejetée dans la Seybouze, opération rendue très facile à raison de la disposition des pentes qui existent, et qui assainirait complètement la petite plaine de Bône et celle des Karezzas; assez d'autres ruisseaux, tels que la rivière d'Or, suffisent pour alimenter les canaux d'irrigation de la plaine située entre Bône et les montagnes des Béni-Ischaoua.

On peut tirer le même parti du Chellif dans tout l'espace qu'il parcourt depuis le lac de Titteri jusqu'à son embouchure; une infinité de petites rivières et de torrents qui descendent du petit Atlas et de la chaîne du Jurjura, garantissent aux plaines du littoral la ressource positive des irrigations qui leur seraient nécessaires.

Les denrées pour lesquelles la France est aujourd'hui tributaire de l'étranger sont principalement : le *coton*, l'*indigo*, la *soie*, le *tabac*, l'*huile*, le *liége*, les *fruits*, la *cire* et le *miel*, le *chanvre*, et le *sucre*. Voici en quelles proportions et pour quelle valeur nous sommes réellement tributaires du commerce étranger :

| | | |
|---|---|---|
| Coton, | pour la valeur de. . . | 55,000,000 fr. |
| Indigo, | *id.* . . . | 24,000,000 |
| Soie, | *id.* . . . | 40,000,000 |
| Tabac, | *id.* . . . | 3,000,000 |
| Huile, | *id.* . . . | 25,000,000 |
| Liége, | *id.* . . . | 1,000,000 |
| Oranges, citrons, cédrats, | *id.* . . . | 3,000,000 |
| Cire, | *id.* . . . | 1,000,000 |
| Chanvre, | *id.* . . . | 4,000,000 |
| Sucres bruts et communs blancs. . . . | | 6,000,000 |
| | Total. | 162,000,000 fr. |

Il importe donc de savoir si le climat et le sol de la régence d'Alger sont également propres à ces cultures, et si une fois que le pays serait pacifié et colonisé, la France pourrait se promettre de ne plus payer à l'étranger le tribut onéreux de cent soixante-deux millions établis plus haut. Nous ne parlons pas cependant du riz, de la garance, du café, de la cochenille, nous les mentionnerons à leur tour, et nous allons examiner rapidement les diverses productions de l'Algérie, et celles dont la culture présenterait des avantages certains.

## Le coton.

Le coton herbacé (*gossypium herbaceum*) et le coton arbuste (*gossypium arboreum*) réussissent également bien dans l'Algérie; les échantillons que nous avons recueillis à Alger et à Bône prouvent qu'ils ne le cèdent en rien aux cotons de Syrie ou du Levant, et ceux que M. Morel a recueillis dans sa plantation d'Alger ont été reconnus à Marseille, pour égaler en beauté les cotons *Jumel*. Avant la conquête, le riche Maure Sidy-Hamdan-Ben-Othman-Khoja, cultivait le coton avec le plus grand succès dans la plaine de Mitidja. On nous a montré à Alger du coton longues soies provenant de la plaine d'*Habrah* près de Mostaghanem, et qui est aussi beau que le coton d'Égypte; c'est bien le cas de rappeler ici que la culture du cotonnier était à peine connue en Égypte, à l'époque de la conquête de Napoléon : et comme l'avait prédit l'empereur, l'introduction de cette culture a changé les destinées de ce pays; c'est à elle que le pacha actuel doit son trésor, son armée, sa marine, sa puissance ascendante, en un mot son indépendance. Le lazareth de Marseille, pendant le séjour que je viens d'y faire en novembre 1833, était encombré de cotons importés d'Alexandrie.

## L'indigo.

L'indigotier (*indigofera*) est indigène sur les côtes occidentales de l'Afrique septentrionale; on le trouve également sur divers points de l'Algérie, on le rencontre dans les gorges des montagnes de Bône. Ce n'est point l'indigotier argentifère (*argentea*), je le sais, mais celui-ci réussit également bien partout où on en a fait l'essai; il ne s'agit donc que d'améliorer les semences. Le climat ne laisse pas craindre ce qu'aux Antilles on appelle le coulage; les pluies tropicales peuvent souvent le déterminer, de même que celles qui accompagnent ces ouragans accidentels inconnus dans la régence. Lorsque la culture de l'indigotier sera régularisée et améliorée, il est probable que les K'bayles n'apporteront plus le charbon des montagnes enveloppé avec les flexibles rameaux de l'indigotier indigène, ainsi que cela se pratique à Bône, où les Bédouins et les K'bayles l'emploient à cet usage, comme les habitants des landes de Bordeaux emploient la fougère. Au reste, les Arabes de l'intérieur savent très bien retirer une pâte grossière, mais colorante, de l'indigotier du pays; nous en avons rapporté des échantillons provenants des Bédouins de la tribu de *Béni-Fougal*, à quinze lieues de Bône. Une observation qui doit lever tous les doutes sur la culture de l'indigotier argentifère, et sur ses résultats, c'est qu'à Tunis, où l'on suit en tous points l'exemple de l'Égypte, il y a déjà de belles plantations de cotonniers et plusieurs fabriques d'indigo.

## La soie.

Point de soie sans mûriers : nous n'avons donc à nous occuper que de ces arbres; dans l'Algérie il s'agit seulement de donner de l'extension à cette culture, car les mûriers sont de la plus grande beauté dans la régence. Avant l'invasion française les femmes maures élevaient des vers à soie à Bélida, à Trémescen, et la ville d'Alger possédait déja plusieurs fabriques de soieries ; tout cela a disparu, et il ne reste plus que les mûriers ; il faut du temps pour qu'un mûrier grandisse, objecteront les impatiens. Eh ! depuis quand sème-t-on le matin pour recueillir le soir ? La perspective de voir dans quinze ou vingt ans la France affranchie d'un tribut annuel de 40 à 45 millions, qu'elle paie à l'étranger pour l'importation des soies nécessaires à ses fabriques, n'est-elle donc pas une assez belle certitude ? A-t-on oublié d'ailleurs qu'en Provence et en Languedoc les mûriers sont souvent gelés, et que partout ailleurs en France, les essais sur la culture du mûrier ne présentent aucune garantie de succès ?

## Le tabac.

Le tabac est une culture du premier ordre en Algérie. Il est surtout d'une excellente qualité à Alger. Rien de plus beau que les plantations cultivées sur tous les points de la régence par les indigènes, surtout aux environs de Bône, où nos soldats du 55ᵉ de ligne recrutés dans le Lot-et-Garonne, à Tonneins et à Clérac, ne pouvaient se lasser d'admirer la beauté et la vigoureuse végétation de ces plants que les agents du fisc ne visitent pas pour les amoindrir. Certainement il n'est pas douteux que la France ne soit tributaire de l'étranger pour les tabacs de haute qualité, sans le mélange desquels nos tabacs indigènes, à part ceux de Clérac, seraient pour ainsi dire sans parfum et sans montant. Ceux de la régence possèdent à un haut degré les qualités qui manquent aux nôtres ; à la Calle on retrouve l'odeur du Virginie, et il en a été fabriqué à Tabarca, dont l'arome a beaucoup de rapport avec celui du Saint-Vincent. La quantité considérable de tabacs en feuilles que les Bédouins ont apportée sur le marché de Bône en 1832 et 1833, prouve catégoriquement que cette culture est en pleine vigueur, et sur une large échelle en Algérie.

## L'huile.

La culture des oliviers est précisément celle qui promet des bénéfices immédiats, immenses et certains. Je dis immédiats, parce que les oliviers sont tous venus et en plein rapport ; je dis immenses, parce que l'Algérie est couverte d'oliviers qui n'ont pas à redouter sous son beau ciel les gelées qui trop souvent viennent les tuer en Provence et en Languedoc. Je dis enfin des avantages certains, parce qu'on a fabriqué à Alger, et dans les autres villes de la régence, des huiles d'une qualité supérieure à celles que nous tirons d'Espagne, de la Calabre et de Tunis : les Arabes connaissent parfaitement la manière de greffer les oliviers, et on n'en voit de sauvages que dans les montagnes ; tous ceux qui sont situés dans les plaines, ou qui bordent les terrains cultivés, produisent, et en quantité, de très belles olives. C'est l'introduction de nos procédés de fabrication qui manque à Alger, comme dans toutes les autres villes de la régence ; mais quand il y aura certitude et garantie, les fabricants arriveront ; on construira des usines et des moulins ; et la France ne tardera pas à être affranchie des 25 millions qu'elle paie annuellement à l'Italie, à l'Espagne et à Tunis, pour les huiles qui nous manquent.

## Le liége.

Le chêne-liége (*quercus suber*) croît avec une vigueur

toute tropicale dans l'ancienne régence d'Alger. Les chaînons secondaires qui se rattachent au Jurjura, la chaîne
de montagnes qui s'étend du cap Matifoux, le long du littoral, jusqu'à Bône, le cap Boujarona, et spécialement les
environs de Boujéia, de Stora, du Collo, de Gizery, de Bône
et de la Calle, sont couverts de chênes-liéges dont les Arabes et les K'bayles semblent ignorer l'importance. Cette importance existe cependant pour la France, car les trois quarts
des chênes-liéges ont péri dans l'hiver de 1829 à 1830, spécialement dans les arrondissements de Marmande et de
Nérac, département de Lot-et-Garonne, qui fournissaient
au commerce les beaux liéges fins, connus sous le nom
de liége de Mézin. Le chêne-liége croît fort lentement, il
faut de trente à quarante ans avant que cette grande
perte soit réparée; et pour fournir aujourd'hui à la consommation et à nos fabriques, les négociants sont obligés
d'aller se pourvoir à l'étranger. Pour recueillir le liége
quand ils en ont besoin, les Bédouins et surtout les
K'bayles du Jurjura trouvent beaucoup plus simple de
couper l'arbre, au lieu d'en enlever l'écorce tous les neuf
ans. Ils s'en servent pour des conduits d'irrigation et pour
faire des ruches à miel, qu'ils posent horizontalement
sur le terrain. Les Arabes semblent ignorer que la
grande quantité de liége que fournit leur pays est une véritable richesse.

## Fruits.

L'Algérie produit une grande variété de fruits dont
l'exportation peut procurer des avantages réels au pays
et à la France; les dattes du Bilédugérid sont les meilleures connues, et il en produit une telle quantité qu'on l'a
surnommé le pays des dattes. Les figuiers de toutes les es-

pèces, les citronniers, les orangers, surtout ceux d'Alger et
de Bélida, qui produisent des oranges exquises et volumi-
neuses, les grenadiers, les jujubiers, les pruniers, les
amandiers, les châtaigniers, les noyers, peuvent par des
produits abondants et toujours certains, dans un pays où
ils sont à l'abri de la moindre gelée, récompenser largement le cultivateur qui se livrera avec soin à leur culture,
car le Maure et l'Arabe ne font aucun frais pour eux, et
recueillent leurs fruits tels que les leur offre la nature,
si prodigue en ces climats. On porte aux marchés des villes
de la régence, des charges énormes de figues, de dattes,
et de raisins séchés au soleil, des marrons, des noix, et des
amandes d'excellentes qualités.

## Chanvre.

Le chanvre est de la plus belle venue sur le territoire
algérien; les Maures et les Arabes le cultivent en grand,
et cette culture donnerait de beaux résultats aux colons,
puisque la France est obligée d'en acheter à l'étranger.

## La cire et le miel.

On exporte une très grande quantité de cire et de miel
des ports de la régence, principalement de ceux de Bône,
de Boujéia, du Collo et de Gizery. Ces denrées font la
principale richesse de plusieurs tribus K'bayles. En effet,
la quantité des essaims que l'on rencontre dans les bois
laisse la conviction intime que l'Algérie est la véritable
patrie des mouches à miel. Et lorsqu'on considère la riche
floraison qui émaille les prairies et les croupes arrondies

des montagnes ; lorsque dans la campagne on est à chaque instant embaumé par le délicieux parfum qu'exhalent une foule de fleurs inconnues en Europe, on cesse d'être étonné de la quantité et de la qualité supérieure du miel que fournit la régence.

## Lentisque.

Les Arabes Bédoüins ignorent sans doute qu'ils possèdent le précieux lentisque dans leurs montagnes, ou du moins ils ne savent pas le parti qu'ils en pourraient tirer. Les K'bayles de *Béni-Ischowa* ont souvent apporté des branches de cet arbrisseau mêlées avec celles de l'arbousier (*arbutus*) et de diverses espèces de lauriers, à Bône, où des Turks candiotes m'ont affirmé plusieurs fois que c'était le même que celui de Scio.

## La cochenille.

La vigoureuse croissance des aloès et des cactus de toutes les espèces laissait présumer que le nopal (*cactus cochenilifer*), ou cactus à cochenille, viendrait aussi bien dans la régence d'Alger que sur les flancs des Cordillières de l'Amérique centrale ; car, à raison de leur élévation au-dessus du niveau de la mer, quoique placée sous la zone torride, la température de ces montagnes, dans les lieux où l'on cultive le nopal, est parfaitement analogue avec celle d'Alger. Dès lors, la vie des insectes n'étant pas compromise par le climat, et le cactus qui les nourrit ayant parfaitement réussi, on pouvait regarder comme certaine la récolte de la cochenille. En effet, on s'est procuré de la graine d'insectes à Naples et à Alméria en Andalousie, on a transporté quelques pieds de nopal de Marseille et de Malaga, et les essais ont obtenu, en petit, des résultats très satisfaisants. Le cactus du pays a même parfaitement nourri les insectes à Alger.

Je viens d'énumérer les cultures et les produits qui peuvent donner des résultats immédiats et avantageux à la France, si la France fait ce qu'elle doit faire pour les obtenir. Je me bornerai donc à énoncer seulement celles qui peuvent être introduites sur le sol de l'Algérie avec espoir de succès; car il est inutile de dire que la culture de la garance et celle du riz donneraient des produits certains et avantageux.

Je placerai en première ligne la culture de la canne à sucre qui réussit à merveille, et j'ajouterai même qu'on devait en être sûr d'avance d'après les plantations qui ont prospéré à Malaga, à Alméria et en Sicile.

Je ne pense pas qu'on puisse compter d'une manière aussi positive sur celle du caféyer et encore moins du cacaotier, si ce n'est dans la partie méridionale du Bilédugérid, où il n'y a pas de probabilité que nous soyons établis de bien long-temps. Les plants de caféyers que j'ai vus à Alger et à Bône sont tristes et languissants; ils ne profitent pas, et il y a lieu de croire que les chaleurs ne sont pas assez constantes. Il est vrai que ces essais n'ayant été faits que dans la partie septentrionale et sur le littoral, ils peuvent bien n'être pas pris pour une solution définitive; mais si les Maures, qui font une grande consommation de café, avaient cru pouvoir cultiver cette fève précieuse, il y a long-temps que Tunis aurait donné l'exemple : loin de là, le caféyer n'est pas même cultivé à Tripoli, qui est situé dans une latitude beaucoup plus méridionale que

Tunis. Le pacha d'Égypte a fait diverses tentatives pour naturaliser le caféyer dans le Fayoum ; mais ces tentatives n'ont eu aucun succès.

Nous avons prouvé qu'il y a bien assez d'autres denrées intertropicales qui peuvent être fournies par le territoire algérien, pour que la France se console de ne compter au nombre de ces productions ni le café, ni le cacao, le cacaotier ne réussissant bien que vers l'équateur.

§ 2.

Autres productions de l'Algérie.

## Bétail.

On ne pourrait calculer l'immense quantité de bestiaux que nourrit la régence. Il n'est pas rare de voir des tribus posséder au-delà de six à sept mille bêtes à cornes; il en est qui gardent jusqu'à cinq mille chameaux : et les *Merdass*, aux environs de Bône, n'avaient pas moins de douze mille moutons, lorsque le général d'Uzer se porta sur la Mafrag en septembre 1833, afin de les châtier. Ces Arabes s'étaient portés à des excès répréhensibles, et le général leur rendit leurs bestiaux après les avoir enlevés, se bornant ainsi à leur prouver qu'il était le maître de les punir au besoin. C'est par des actes de cette nature que cet officier-général a su s'attirer la confiance et le respect des Arabes.

Il est arrivé en 1833, à Bône et à Alger, des ports de Collo et de Boujéia, une telle quantité de cuirs, qu'il y a lieu d'espérer qu'en temps de paix, lorsque les tribus de l'intérieur ne redouteront ni le bey de Constantine, ni Abdel-Kader, Ben-Yacoub, ou Ben-Zamoun, la France retirera de la régence plus de cuirs que sa consommation ne l'exige, et qu'elle pourra au besoin en fournir au commerce européen.

Il en est de même pour les laines qui sont de diverses qualités; car les laines de *Médéah*, de *Boujéia*, de *Gizery*, de la *Calle* et de *Bône*, peuvent être comparées à celles du Lauragais; longues et élastiques, elles doivent avec avantage suppléer à celles qui nous manquent pour les draps communs et la fabrique des couvertures, pendant que les moutons à queue plate, et surtout ceux de Constantine, donnent une laine infiniment supérieure, et dont la qualité peut encore être améliorée par le croisement des races. On compte dans l'empire de Maroc de 40 à 50 millions de bêtes à laine, et on peut évaluer de 25 à 30 millions celles que nourrit la régence d'Alger.

L'exportation du bétail sur pied est, en outre, une branche de commerce qui mérite de fixer l'attention de la France. Sans égaler le bétail de Normandie ni celui des rives de la Garonne pour la taille, la race bovine est belle en Barbarie; un beau bœuf, pour le pays, ne pèse pas au-delà de trois cent cinquante kilogrammes. On en exportait un très grand nombre d'Oran pour Gibraltar et l'Andalousie, de Bône pour Malte et la Sardaigne, et d'Alger pour les îles Baléares. En 1833, on a expédié beaucoup de bestiaux de Bône pour Alger et pour le corps d'expédition de Boujéia. Le prix du bétail étant peu élevé, le commerce peut se livrer avec avantage à tous les genres de spéculation dont il peut être l'objet. Le prix de la viande de boucherie est de deux sous la livre à Gizery, à Constantine et autres villes de l'intérieur; à Bône, le bœuf se vend trois sous et le mouton quatre sous. On peut très aisément se procurer au marché un sanglier de trois quintaux pour la modique somme de cinq francs; et c'est le cas de faire remarquer que la chair du sanglier de Barbarie n'a pas le moindre rapport avec celle du sanglier d'Europe; elle est très blanche, ferme, et sans aucun goût de venaison.

## *Chevaux.*

Cette question est grave et d'une haute importance : ce serait, pour ainsi dire, le sujet tout entier d'un ouvrage à part; mais par cela même que les chevaux forment à eux seuls une des principales richesses du pays, je ne peux me dispenser d'en parler ici. Deux races distinctes se montrent aux connaisseurs, les chevaux barbes et les chevaux arabes. Les derniers se trouvent principalement dans le Bilédugérid, où les indigènes sont fort exacts à tenir les registres de filiation des bêtes de pure race. Quelques étalons, fort beaux, sont estimés et portés à des prix très élevés; et ce n'est qu'avec beaucoup de peine et à force de soins que nous sommes parvenus à nous procurer quelques uns de ceux que nous nommons, comme les Maures, chevaux du désert. Le bey deConstantine, Achmed-Bey, prend toutes les précautions possibles pour empêcher les Bédouins et Arabes du Sahara de conduire sur le littoral des chevaux de pure race ; ce chef a même, pendant très long temps, défendu aux tribus de l'intérieur d'en conduire sur le littoral, de quelque race qu'ils fussent. Cette détermination d'Achmed-Bey obligea le général en chef duc de Rovigo d'envoyer M. de Lesparda, chef d'escadron, à Tunis, pour y faire des achats, afin de monter le plus promptement possible les 2e et 3e régiments des chasseurs d'Afrique. Le bey de Constantine ne tarda pas à réclamer auprès du bey de Tunis ; car Achmed-Bey, ainsi que tous les scheiks arabes, ne redoute que notre cavalerie. La suite naturelle de cette réclamation, faite dans l'intérêt de l'islamisme, fut que le bey de Tunis cessa de protéger la mission de M. de Lesparda : mais l'intérêt s'est fait jour; il a parlé plus haut aux Arabes que l'irascible bey de Constantine, et les chevaux arrivent aujourd'hui en masse au marché de Bône, surtout depuis qu'on a élevé le prix de la remonte, quoiqu'il soit encore bien inférieur au tarif adopté en France, ce qui doit être.

Si la race barbe le cède en beauté à la race arabe, il faut avouer qu'elle ne lui est nullement inférieure pour la vitesse et la bonté. Nous avons vu aux courses de Bône, en octobre 1833, et où nous étions un des trois juges, que les chevaux admis au concours ont parcouru l'espace de douze cent quarante mètres en une minute trente-huit, quarante-une et quarante-trois secondes ; on peut juger par cet essai, qui attira un grand concours d'Arabes, combien cette vélocité naturelle serait accrue, si ces chevaux étaient préparés de longue main et dressés à point cet effet.

Les tribus de Bédouins et de K'bayles possèdent un nombre immense de chevaux, et si la statistique de l'empire de Maroc a donné un chiffre exact en portant à quatre cent mille le nombre des chevaux nourris et élevés dans l'empire, on doit approcher beaucoup de la vérité, en évaluant à deux cent mille ceux que possède l'Algérie. Les chevaux du pays d'Alger sont en général de taille plus que moyenne; sobres et se nourrissant partout où ils sont au piquet; d'une solidité et d'une bonté remarquables, ils supportent supérieurement la fatigue et les longues marches, et soutiennent enfin dignement la haute réputation des anciens chevaux numides; ils n'ont pas dégénéré.

Le croisement des races barbe et arabe a donné issue à une race secondaire de métis qui participent de la beauté des uns et des qualités supérieures des autres. Nous n'avons point vu de chevaux propres au trait en Algérie, et cela s'explique aisément, les Arabes n'ont rien fait pour s'en procurer dans un pays entièrement privé de chemins de roulage et de charrettes, ou voitures d'aucune espèce, tous les transports se faisant à dos de mulets ou de chameaux.

Les ressources que la France pourrait retirer du pays d'Alger pour monter sa cavalerie légère et même les dragons, méritent donc d'être prises en considération. C'est précisément en Algérie qu'on pourrait placer, avec certitude de succès, un ou plusieurs dépôts de remonte et un haras spécial dont la place est parfaitement marquée à Bône, située au milieu d'immenses et riches pâturages; il est constant, d'ailleurs, que c'est la province de Constantine qui fournit les plus beaux chevaux, et comme il n'est pas probable que nous soyons de bien long-temps solidement établis dans celle d'Oran, nous ne parlerons pas de la belle race qui se rencontre du côté de Trémescen et sur les frontières de l'empire de Maroc. C'est, au reste, le résultat du croisement de la race arabe, pur sang, et des belles juments indigènes de Maroc.

### Mulets et chameaux.

L'Algérie fournit de très beaux mulets, et en grande quantité; l'artillerie de campagne, les batteries de montagnes et les diverses administrations de l'armée, surtout à Bône, n'ont pas éprouvé la moindre difficulté à se procurer, et à très bon marché, de très belles mules et de beaux mulets de bât, remarquables par leur taille et par leurs excellentes qualités.

C'est principalement dans le Bilédugérïd que les Arabes élèvent une grande quantité de chameaux et de dromadaires, et nous avons dit plus haut qu'il y avait des tribus qui en possédaient jusqu'à cinq mille. Les tribus de Béni-Mezabbe élèvent avec soin la race des dromadaires appelés *heiries*, si extraordinaires pour la rapidité de leur marche et par la constance avec laquelle ils supportent la soif. C'est principalement dans les tribus qui sont situées dans le voisinage du désert, que l'Arabe sent toute la valeur et le prix de ces animaux utiles, et sans l'existence desquels tout le commerce de l'Afrique centrale se trouverait interrompu. Il est des distances que le plus intrépide Arabe n'oserait entreprendre de parcourir dans le désert, s'il n'était monté sur un heirie de choix.

§ 3.

Richesses de l'Atlas, minéralogie. Règne végétal.

Après avoir énuméré celles des productions végétales et animales de l'Algérie dont la France peut retirer un grand avantage, et le commerce européen des bénéfices réels, il nous reste à parler d'un autre genre de richesses qui tiennent au sol, et qui n'ont été qu'imparfaitement décrites par les modernes, car les anciens ne nous ont laissé aucun document à cet égard.

Les montagnes de l'Atlas sont calcaires dans la partie

connue sous le nom de petit Atlas, tandis qu'elles portent le granit à une grande élévation dans le grand Atlas et dans le prolongement que nous croyons pouvoir désigner comme l'axe du système *atlaïque*. L'Atlas est tout aussi riche en mines que quelque autre chaîne de montagne qu'on puisse citer. On dit qu'il y a des mines d'or, mais nous n'avons pu acquérir aucune donnée à ce sujet. On ne parle pas du platine, mais il y a quarante ans qu'on ne soupçonnait même pas son existence dans les flancs de l'Oural, et ce sont néanmoins les plus riches mines du globe. Il est positif que la régence d'Alger possède des mines d'argent, de plomb, d'antimoine, de cuivre, de zinc et de fer. Le sel et le nitre abondent sur tous les points. Les Arabes ne recherchent que le fer, et s'occupent peu des autres métaux; ne connaissant aucun des procédés propres à l'exploitation des mines, et ignorant également la manière de séparer le métal du minerai. Il y a un an environ qu'on a découvert près de Constantine une mine d'argent qui est très riche, et il nous a été affirmé que cette découverte était due à un Saxon, déserteur de la légion étrangère au service de France. Achmed-Bey n'a tardé à profiter de cette découverte.

Cette mine, dont on a commencé l'exploitation en 1833, doit être fort riche, puisque le bey envoie le minerai en nature à Tunis; il y est transporté par des chameaux, et le bénéfice est néanmoins assez considérable pour que le bey de Constantine ait fait tripler le nombre des ouvriers qui y travaillaient dans le principe. Cette riche mine d'argent est située à environ vingt lieues dans le sud-ouest de Bône. Il en existe une autre au midi de Constantine, et qui est connue depuis long-temps, mais sur laquelle nous n'avons que des renseignements incertains. Un Européen, nommé *Tay*, qui a été pendant long-temps médecin d'Achmed-Bey, et qui était encore près de lui à la bataille de Staoüelli, est en ce moment interprète du gouvernement à Bône, et c'est à lui que nous devons les renseignements qui nous ont mis à même de parler de ces mines d'argent, qu'il a visitées.

Les Arabes du Bilédugérid, de Mezzabe, de Laghwat et de Biskara, apportaient jadis à Alger de la poudre d'or qui venait du *Bournou* et du *Tombouctou* par la voie des caravanes ; mais ils y apportaient aussi du sable aurifère et des parcelles d'or, qu'ils tiraient des torrents et des alluvions que l'on rencontre aux bases de l'Atlas, et sur ce point comme sur tant d'autres, nous manquons absolument de renseignements positifs.

Le plomb et le fer sont extrêmement abondants dans la régence. Les mines de *Béni-Boutaleb* sont d'une telle richesse, qu'on a retiré au-delà de soixante livres de plomb sur un quintal de minerai. La province d'Oran, dans les montagnes situées au sud-est de Trémescen, contient une grande quantité de mines de plomb qui ne le cèdent en richesse ni aux mines d'Andalousie, ni aux plus productives que nous ayons en France. Le *D'gibel Ouannaseris* contient également des mines où le plomb doit être fort abondant, puisque pour séparer le métal les Arabes emploient le singulier moyen d'allumer un grand feu, dans lequel ils jettent le minerai concassé pour en retirer le métal fondu.

Il existe des mines de cuivre dans l'Atlas ; nous avons rapporté de très beaux échantillons de ce métal, provenant de Constantine, mais nous n'avons pu obtenir aucun renseignement sur leur position. Plusieurs Maures instruits et l'interprète *Tay*, dont nous avons parlé plus haut, nous ont affirmé que les montagnes de la régence renfermaient des mines de ce métal.

Le fer se montre presque partout, spécialement sur le littoral, où il est d'une qualité parfaite. C'est bien certainement pour l'avenir une source inépuisable de richesses, car les nombreux ouvriers français qui ont fait partie de l'expédition, ou qui sont venus s'établir en Algérie depuis la conquête, déclarent que les fers du Zickar sont aussi bons et aussi malléables que les meilleurs fers de Suède; ces fers sont aisément transportés à Cherchell, port où règne une grande activité commerciale; les mines du Zickar sont au nombre des plus riches qu'on puisse trouver.

Les K'bayles exploitent de nombreuses mines de fer dans les montagnes de Boujéia, du Collo et de Gizery. Ils le travaillent pour leur usage. Les montagnes de *Doni* contiennent aussi un grand nombre de mines de fer exploitées par les indigènes; et le Jurjura, le cap de Fer, la chaîne entière qui vient aboutir à la baie de Bône et qui se dirige ensuite brusquement vers le sud, dans la direction des tribus des *Béni-Salah*, des *Gajettas* et des *Sénejas*, montrent partout ce métal à découvert et avec profusion; les environs de Bône surtout nous ont fourni des échantillons de la plus grande beauté en fer cristallisé et en sulfure de fer.

L'antimoine et le zinc se trouvent également dans la régence, mais en général la minéralogie de l'Atlas est tout aussi peu connue que la flore de ces belles montagnes couvertes par une luxueuse végétation. Il nous a été présenté par des K'bayles du Jurjura des produits métalliques que nous ne pouvons classer, l'analyse n'en ayant pas été faite.

Il paraît certain que des diamants et de belles pierres fines ont été trouvées en Algérie, mais nous n'avons pu obtenir que des données très vagues à ce sujet. Les améthystes et les grenats sont très communs dans les montagnes de Bône.

Une grande partie du sol de l'Algérie a été bouleversée par l'action des feux souterrains, et nous avons rapporté une grande variété de produits volcaniques recueillis dans les environs de Bône et au Collo. Il paraît également qu'on trouve du charbon de terre dans l'intérieur du pays, suivant le rapport des indigènes de *Tiffech*.

Nous ne pouvons quitter l'Atlas et ses nombreuses ramifications, sans parler des beaux jaspes et des marbres qu'on peut extraire de ces montagnes : il est vrai que les Arabes et les Maures ne savent en tirer aucun parti, et voilà ce qui explique la quantité de marbres d'Italie employés à Alger, où certainement ils l'ont été avec profusion dans la construction des édifices et des maisons. Cependant les marbres de la régence ne le cèdent en rien aux plus beaux marbres connus. Nous prendrons pour exemple ceux des environs de Bône, où l'on voit encore des carrières qui furent exploitées par les Romains ; et d'où proviennent les marbres qui ont été retirés des ruines d'Hippone et ceux qui s'y trouvent encore. On voit dans les mosquées de Bône des colonnes de marbre blanc de la plus grande beauté, et qu'on a été chercher dans les anciens temples d'Hippone. Les carrières dont nous parlons sont situées dans les environs du fort génois, *Mers-el-Berber* au nord de la baie des Carroubiers, où il est très probable que les blocs détachés étaient embarqués, pour être transportés à Hippone. Ces marbres sont d'un très beau blanc, il y en a de rosés et d'un joli gris de lin:

La citadelle ou kashbah de Bône est assise sur un monticule composé de marbre blanc de très belle qualité et de marbre gris également beau.

Cet Atlas si peu connu, et qu'aucun voyageur moderne n'a encore décrit; à raison de sa position méridionale, laisse dans l'esprit de ceux qui ne calculent pas son élévation au-dessus du niveau de la mer, l'idée d'une chaîne de montagnes arides et brûlées par les rayons du soleil si ardent à cette distance des tropiques. Nous sommes aptes aujourd'hui à détruire cette fausse impression, car il n'y a pas en Europe de montagnes mieux boisées que la chaîne du Jurjura et cette longue suite de sommités qui s'étend du cap Matifoux au cap de Fer, et au-delà, jusqu'au golfe de Bône. D'épaisses et impénétrables forêts occupent les vallées, et c'est dans ces forêts qui jamais n'ont été exploitées, que se rencontrent en très grand nombre, les lions, panthères, léopards, onces, chats-tigres, les porcs-épics, les sangliers, les chacals, cerfs et gazelles, le raton, la genette, les martes et autres animaux sauvages dont les peaux et les fourrures forment pour les habitants de ces régions une branche très lucrative de commerce. On assure que l'ours et le buffle se montrent dans certaines parties de l'Atlas, mais ils ne paraissent pas dans les chaînons secondaires de cette grande chaîne.

Les environs de Boujéia sont également très boisés et tellement remplis d'animaux féroces, surtout du côté de Stora, qu'il y a des tribus qui ont été obligées de leur céder le terrain. A une journée de marche de Cherchell, il existe une forêt dont on utilisait les bois pour la marine algérienne. Entre *ad Rostam* et *Constantine*, il en est pareillement plusieurs d'une grande étendue, de même que du côté de *Maskara* et de *Mélianah*. La *Seybouze* et la *Mafrag* charient dans la baie de Bône des troncs et des arbres entiers qui prouvent sans réplique que ces rivières traversent des pays boisés. Le *Bouberak*, et l'*Oued Zeitoun*, l'*Oued Ajebby* en charrient également, et ces deux dernières rivières sont accompagnées de forêts jusqu'à leur embouchure. Tous les renseignements que nous avons obtenus sur l'intérieur du pays s'accordent à le représenter comme possédant de beaux bois dans les parties qui avoisinent l'Atlas.

Le sapin, le cyprès, le chêne vert, le chêne à glands doux, le chêne kermès, le chêne-liége, le chêne ordinaire, le mélèze, le jujubier, l'olivier et le carroubier, peuplent en général ces forêts; dans la partie méridionale, le palmier, le thuya, l'argan, le cyprès odorant et les dattiers se montrent plus fréquemment et en plus grande quantité; ils succèdent aux chênes qui sont fort rares dans le Bilédugérid. Du côté de Trémescen, dans les chaînes secondaires qui se rattachent immédiatement au grand Atlas, on remarque de beaux sapins propres à la mâture; dans les bois de Stora et du Collo, on peut se pourvoir abondamment de courbes, de vergues et de bordages pour la construction des navires. Les bois taillis sont très épais et peuplés principalement d'arbousiers, de lentisques, d'azédarach, myrthes, lauriers roses, et de lauriers de toutes les espèces; les saules, les peupliers, surtout l'ypréau ou peuplier blanc, sont de la plus grande beauté dans les terrains aquatiques.

La flore de Barbarie est loin d'être bien connue, surtout dans la partie élevée de l'Atlas où nous n'avons pas pénétré. C'est un fait positif, que quelques botanistes français ont trouvé dans les montagnes de Bône des espèces et des variétés non décrites. La végétation est si prompte et si active dans ces parages, qu'elle déroute complétement ceux qui se livrent aux travaux de l'horticulture. Avant que nos jardiniers n'aient bien étudié le sol et le climat, on ne pourra éviter les inconvénients qui se sont fait sentir dès l'instant où on a voulu cultiver des jardins ; tous nos légumes réussissent à merveille, mais ils est difficile de modérer leur ardeur, ils montent avec une rapidité qui est nuisible à l'usage qu'on voudrait en faire. Les choux et les choux-fleurs acquièrent des dimensions extraordinaires ; les artichauts et les cardons deviennent volumineux ; les pommes de terre cultivées en grand donneraient ainsi que les betteraves des produits considérables ; la patate douce ou des Antilles, que les Maures nomment patate de Malaga, réussit tout aussi bien que la pomme de terre. L'igname d'Amérique semble aussi se complaire sur le sol algérien : et sans aucune exception, j'ai vu tous nos légumes réussir parfaitement dans la régence. Dans les bois et dans les montagnes de Bône on est frappé du luxe qu'étale la végétation : l'*acanthus sativus*, les *digitalis purpurea*, *minor*, et *hispanica*, la *jusquiame*, l'*eryngicum améthyste*, sept ou huit variétés d'*astragales*, les *cynoglosses* argentés, et d'Andalousie, se rencontrent presque partout, et quoique nous n'ayons pas eu le loisir de nous livrer à la recherche des plantes et de former un herbier, nous pouvons certifier qu'on trouve dans les environs d'Hippone, dans la baie des Carroubiers, et dans la plaine des Karezzas, quelques plantes inconnues en France et d'autres fort rares en Europe. Nous nous bornerons à en mentionner quelques unes, telles que le *fagonia arabica*, *genista juncea*, l'*astericus* nommé *craffas* par les Arabes, *alhenna arabum*; *absinthium arborescens*, *conysa tormentosa*, *absin-*

*thium judaicum;* les *althea humilis, foliis malva, vulgaris* et *flore rubro;* le *cistus catifolius,* et le *cistus* à grandes fleurs, le *cytise* à feuilles argentées, et à feuilles glabres, le *felix ramosa, major,* et à fleurs bleues; le *tamaris,* l'*anonis glutineux,* le *chamœriphes spinosa,* l'*adianthum capillus veneris,* le *palmier nain,* dix variétés différentes *d'euphorbes,* le *galeopsis frutescens,* le *myrte,* trois variétés; le *cynomorion purpureum. Salvia bicolor, salvia viridis, salvia algeriensis, iris juncea, iris scorbioides, cyperus junciformis, cyperus pallescens, panicum numidianum, dactylis repens, dactylis pungens, cynoserus elegans et phleoides,* dont l'odeur est très agréable; *festuca phleoides,* les *bronius contortus* et *maximus, stipa,* cinq variétés autour de Bône; la *scabiosa daneoides* et *scabiosa simplex,* l'héliotrope crispé et une sous-variété. *Borago longifolia echium grandiflorum, echium flavum,* très belle fleur, *campanula alata* et *volutina, daucus grandiflorus, daucus parviflorus, daucus hispidus* et *dau c aurens, laserpitum meoides, laserpitum gummiferum, linum corymbiferum, narcissus ferotinus, scilla obtusifolia, scilla parviflora, silene imbrodeata, silene bipartita, euphorbia heterophylla, euphorbia buplevroides, cistus ciliatus, cistus croceus, delphinium pentagynum, nigella hispanica, ranunculus flabellatus, spicatus, millefoliatus* et *paludasus.* La plupart des plantes bulbeuses que nous trouvons dans les champs et prairies de l'Europe méridionale se retrouvent sur le sol de l'Algérie, accompagnées d'un nombre infini d'espèces du même genre qui sont propres au climat, et aux oasis dans lesquels on les trouve. La nomenclature de toutes ces plantes deviendrait insignifiante et aride, dans un écrit de la nature de celui-ci.

# CHAPITRE IV.

### Population et habitants de l'Algérie.

Nous venons de développer le plus rapidement possible les ressources et les productions que le pays d'Alger offre à la France ; mais, pour profiter de ces ressources, il faut avant tout s'y établir d'une manière solide, s'y livrer à l'agriculture, et, dans l'hypothèse d'un plan de colonisation, il faut, ou refouler les Arabes au-delà de l'Atlas, ou gagner leur affection par des procédés que, jusqu'à ce jour, nous sommes loin d'avoir eus pour eux. On ne gagne jamais cette affection des peuples en les tourmentant et en les soumettant à des vexations inutiles.

Nous allons faire connaître quels sont les peuples que nous avons à civiliser, à soumettre ou à combattre.

La population de la régence est loin d'atteindre le chiffre élevé auquel l'a portée Sidy-Hamdan-Ben-Othman-Khoja, l'un des principaux habitants d'Alger. Ce Maure est un homme instruit qui a parcouru les principales capitales de l'Europe, et dans l'ouvrage qu'il vient de publier à Paris, sous le titre d'*Aperçu historique et statistique de la régence d'Alger*, il dit que cette régence contient dix millions d'habitants, exagération bien positive, et dont il serait peut-être facile de deviner le motif. Comment l'Algérie contiendrait-elle une semblable population, lorsque l'empire de Maroc, sur une surface de vingt-quatre mille trois cent soixante-dix-neuf grandes lieues carrées, ne compte que huit millions cinq cent mille ames? Il est bien certain que jamais les deys d'Alger n'ont eu la prétention d'égaler en puissance les empereurs de Maroc; et si nous considérons un moment que la ville de *Mekinès* compte cinquante-six mille habitants, celle de *Fez* quatre-vingt-huit mille, *Salé* vingt-trois mille, *Mérakche* trente mille, *Tafilet* cent mille, *Mogador* dix-sept mille, *Tétouan* seize mille, et que neuf autres villes de l'empire ont des populations au-dessus de dix mille ames, nous chercherons vainement dans l'ancienne régence d'Alger des villes aussi peuplées; et, à l'exception d'*Alger*, qui avait cinquante mille habitants, de *Constantine*, qui en a trente mille, et de *Trémescen*, qui en a vingt-six mille, nous ne trouverons plus que des populations minimes dans les autres villes de la régence. Or, nous demanderons à Sidy-Hamdan dans quelle partie de l'Algérie il place ses dix millions d'ames? Ce ne sera pas sur le littoral, dont nous sommes parfaitement en état d'apprécier aujourd'hui la population; ce ne sera pas non plus dans les oasis du Bilédugérid : et après avoir pris tous les renseignements possibles pour fixer la véritable population de la régence, nous sommes bien convaincus qu'elle ne dépasse pas le chiffre de deux millions. Nous récusons donc également les assertions récentes de quelques écrivains, qui n'ont évalué qu'à un million et à huit cent mille le nombre total des habitants de l'Algérie.

Comme tous les états de l'Afrique boréale, la régence d'Alger contient une population sans unité. Elle peut être divisée ainsi qu'il suit : 1° les Turks ou Osmanlis, qui avaient assujetti le pays; 2° les Koulouglis, qui sont les enfants provenus des mariages entre les Turks et les femmes maures; 3° les Maures ou Sarrasins; 4° les Arabes, qui se divisent en Bédouins pasteurs et en Bédouins cultivateurs; 5° les Berbers ou K'bayles; 6° les Israélites; 7° les nègres; et 8° les Biskares ou Biskeris, et Béni-Mézabbes.

1° Les Turks, anciens dominateurs de la régence, sont aujourd'hui en trop petit nombre pour pouvoir ressaisir le pouvoir qu'ils ont laissé échapper; ils ne sont nullement dangereux pour la domination française; et ceux qui sont restés dans la régence peuvent au contraire nous aider à maintenir les populations indigènes. Moins fanatiques que les Maures, et bien plus civilisés, dix mille Turks seulement suffisaient, avant l'invasion française, pour courber la régence tout entière sous le joug de fer d'un satrape d'Orient. Les Maures ne les aiment point, et ne peuvent oublier que, pendant trop long-temps, l'*ultima ratio* des Turks fut pour eux le cimeterre de Gengis-Khan. Une grande moitié de la population turke a péri en défendant contre nous le territoire de la régence et le dey, que cette milice indomptée avait choisi dans ses rangs; une autre partie de cette population a fait place aux vainqueurs et a émigré au Maroc ou dans le Levant; mais il en reste encore cinq à six mille dans la régence, et si nous avons avancé qu'ils pouvaient nous être utiles, nous le prouverons par des faits. Ce sont les Turks qui sont les maîtres de Trémescen, et si on conserve la possession d'Alger, il sera très important et très politique tout à la fois de surveiller, sur ce point, les intrigues du gouvernement de Maroc, qui convoite depuis long-temps les riches et fertiles plaines de Trémescen. Ce sont les Turks qui gardaient Mostaghanem pour la France, et qui étaient à notre solde, avant l'expédition *inutile* et définitivement *nuisible* qui a fait occuper cette ville par des troupes détachées du corps d'armée d'Oran en 1833. Ce sont enfin les Turks aux ordres d'Ibrahim-Bey qui occupaient la Kashbah, ou citadelle de Bône, et là défendaient contre le K'bayle Ben-Issa, général d'Achmed-Bey, au moment où ils livrèrent cette forteresse et par suite la ville de Bône à M. le commandant d'Armandi. Ce sont enfin des Turks qui composent le corps auxiliaire du commandant Jussuff, Mameluck au service de France, corps plein de bravoure et qui a rendu de grands services au général Monck d'Uzer. On peut donc utiliser les Turks dans l'état actuel des choses; on doit leur faire des avantages, respecter leurs mœurs et leurs usages; il est avantageux enfin de traiter avec eux dans le reste de la régence, car ils savent respecter la foi jurée.

2° Les Koulouglis: nous avons dit qu'ils étaient les fils des Osmanlis et des femmes indigènes; on les nomme Kologhlas, à Alger. Cette caste n'aime pas les chrétiens et n'estime point les Maures; le sang asiatique circule dans leurs veines et ils sont essentiellement Turks; mais ceux-ci leur portant une jalousie mêlée de haine, les Koulouglis ne sont pas en reste avec eux, et leur rendent sentiments pour sentiments. Ils sont assez nombreux à Alger, et fort peu dans le reste de la régence. On doit avoir plus de confiance aux Turks qu'aux Koulouglis; car si ces derniers ont hérité de leur morgue, de leur fierté et de leur bravoure, on ne saurait nier qu'ils tiennent des Maures l'astuce, la mauvaise foi et la paresse. Les Maures craignent les Turks et méprisent les Koulouglis. D'après le calcul d'*Aly-Moussa*, Maure instruit et qui avait ébauché une statistique très confuse de la régence d'Alger, il avait évalué le nombre des Turks à dix mille cinq cents, et celui des Koulouglis à quatre-vingt-dix mille. Ce travail, fait avant l'invasion française, n'a point été achevé, et Aly-Moussa, qui était fort dévoué à nos intérêts, est mort à Bône en 1832, après nous avoir rendu des services essentiels.

3° Les Maures sont les descendants des anciens Sarrasins qui évacuèrent l'Espagne après la chute de Cordoue et l'extinction du khalifat d'Occident; ils habitent presque exclusivement les villes de la régence, dans lesquelles ils vivaient sous la dépendance absolue des Turks avant l'invasion française: traiter quelqu'un de Turk à Maure est un proverbe qui donne une idée fort juste de la manière dont les Osmanlis en usaient envers les Sarrasins. Ce peuple qui fut sur le point d'asservir les Gaules et de refouler la croix jusqu'aux rives de la Seine; ce peuple qui a laissé en Espagne tant de monuments de sa grandeur, de sa force et de sa puissance, et dont les khalifes menaçaient la chrétienté du sein de l'Alhambra; cette puissante nation qui eut ses médecins habiles, ses philosophes et ses poètes, est aujourd'hui complètement déchue de sa grandeur passée. Sous prétexte de les protéger contre les chrétiens d'Occident, le koran d'une main et le cimeterre de l'autre, les Turks vinrent d'abord défendre leurs coréligionnaires, et les asservir en dernier résultat. La dissimulation, l'hypocrisie et la mauvaise foi forment la base principale du caractère des Maures de nos jours. Ils se rappellent parfaitement l'état de dépendance qui était leur partage sous la domination turque, et sont soumis à la domination française, qu'ils préfèrent, disent-ils, à celle des Turks qui furent leurs tyrans. On compte à peu près neuf cent mille Maures dans la régence d'Alger.

4° Les Arabes ou Bédouins sont les descendants des Orientaux qui s'arrêtèrent en Afrique et qui n'accompagnèrent pas les musulmans en Espagne lors de la conquête. De nouvelles hordes sorties de l'Arabie suivirent la trace des conquérants, et se fixèrent dans les terrains fertiles situés entre le désert et la Méditerranée. Bédouins cultivateurs et Bédouins pasteurs sont également ennemis des chrétiens. On appelle Arabes ceux qui se livrent principalement à la culture des terres, et plus particulièrement Bédouins, ceux qui sont nomades et n'ont d'autres richesses que leurs troupeaux. Ils ne manquent ni de franchise, ni de loyauté; ils sont essentiellement hospitaliers et braves jusqu'à la témérité; mais leur vie vagabonde et leur fanatisme outré effacent ces bonnes qualités. Voleurs téméraires, spoliateurs entreprenants, ils considèrent comme leur propriété tout ce qui traverse le désert, et tout ce que la mer, à la suite des tempêtes, a fait échouer sur leurs côtes inhospitalières; l'inscription *Shrub we hrub* bois et sauve-toi, placée sur une fontaine de la plage, non loin de l'embouchure de l'*Oued Zeitoun*, rivière des Oliviers, prouve suffisamment à quel sort doivent s'attendre les malheureux qui font naufrage sur les côtes de Barbarie. Cette inscription se retrouve sur plusieurs autres points de la côte.

Divisés en nombreuses tribus, ces fanatiques orientaux ont pris possession du sol africain; ils y ont transporté leurs pénates, leurs mœurs, leurs usages, et ils habitent particulièrement les plaines du *Talle*, ou partie septentrionale de l'Algérie. Sous la direction de *Benyomié*, qui avait conquis l'Afrique, ils continrent les *Berbers*, et, au lieu de les combattre à outrance, ils leur imposèrent la même religion; ces peuplades l'adoptèrent avec enthousiasme, et l'islamisme les rendit plus barbares qu'ils ne l'étaient avant l'arrivée des Arabes. Les Bédouins vivent sous des tentes formées d'un tissu de poils de chameau, et dont la trame est tellement serrée qu'elle est imperméable; ils campent partout où il y a de beaux pâturages pour leurs troupeaux, auprès d'une rivière, d'un ruisseau ou d'une fontaine, dans le voisinage d'un bouquet de bois ou de broussailles qu'ils utilisent pour leur usage. Quand les pâturages sont épuisés et les buissons éclaircis, le sheick ou chef de la tribu donne le signal, on met le feu aux herbes qui restent, et l'on transporte le douare, *dowar*, sur un autre point. On appelle *douare, dowars, jarfs* ou *mers,* la réunion de plusieurs tentes; les Bédouins n'ont pas d'autres villages.

Les Arabes détestent les chrétiens parce que leur religion leur en fait un devoir; c'est un acte agréable à Dieu, dit le koran, que d'ôter la vie à un infidèle. Ce principe, qu'ils cherchent à pratiquer autant qu'ils le peuvent, pourrait bien à la longue subir une profonde modification. Car si tous les peuples de l'Afrique aiment l'or, bien certainement, sous ce rapport, on peut placer les Arabes à leur tête. L'appât du lucre finira par amortir la haine qu'ils nous portent, si nous n'oublions pas toutefois qu'ils ont le sentiment profond du juste et de l'injuste; quand on sème des vents, on ne recueille que des tempêtes, a-t-on dit, et les mesures coërcitives n'ont produit, à Oran comme à Alger, que de bien fâcheux résultats. Le général d'Uzer, en jugeant parfaitement les Arabes, a employé des moyens différents; il a été sévère envers eux, mais il leur a rendu justice toutes les fois que, lésés dans leurs intérêts, ils ont eu recours à son autorité. Un des principaux scheiks des environs de la Calle vint à Bône, en 1833, dans l'unique but de voir cet officier-général, dont la réputation de justice était parvenue jusqu'à lui. Dans la statistique que nous avons citée plus haut, la population des Arabes Bédouins est évaluée à neuf cent mille ames, et nous avons lieu de penser que cette évaluation est exacte.

5° Les Berbers, Barabers, ou K'bayles, descendants des Gétules ou Gétuliens, sont ces anciens Numides que Bocchus et Jugurtha conduisirent souvent aux combats, en défendant l'indépendance de leur patrie. A peine civilisés, ils habitent les montagnes du Jurjura, les gorges de l'Atlas, et des chaînons collatéraux qui se rattachent à l'axe de cette grande chaîne. Comme pour tous les peuples montagnards, le sentiment de la liberté et de l'indépendance est pour ainsi dire exclusif chez eux. Ne vivant que de laitage, à peine vêtus de mauvais bernouses, qu'ils portent jusqu'à ce qu'ils tombent en lambeaux, ils ne consomment ni vin, ni eau-de-vie, ni tabac, et n'ont, pour ainsi dire, aucun besoin. Ces peuplades presque sauvages ne communiquent que rarement avec les villes, où elles viennent échanger du miel, de la cire et des pelleteries contre de l'argent monnayé, qui est, par ce seul fait, retiré de la circulation. Les K'bayles habitent dans des cabanes construites avec des branches et des roseaux ; la réunion de plusieurs de ces cabanes porte aussi le nom de dowar. Hommes, femmes, enfants, chiens, chèvres, brebis et volailles, tous vivent sous le même toit.

Dans les montagnes de *Béni-Abas*, de *Félaissa*, de *Jurjura*, on trouve plusieurs grands villages de K'bayles dans des positions très fortes et de l'accès le plus difficile. Ces villages sont très peuplés, et les Berbers y vivent dans un état complet d'indépendance, comme aux environs de Boujéia et dans les monts Jurjura. Quelques peuplades berbers ou k'bayles professent encore le fétichisme, mais ce sont celles qui ont évité jusqu'à ce jour tout point de contact avec les Turcs et les Arabes. On nous a assuré à Alger, et on nous a répété à Bône, que parmi les tribus k'bayles, il en existe qui descendent des anciens Vandales, qui, après avoir conquis la Mauritanie, furent à leur tour expulsés et détruits par les nouveaux conquérants; et, à l'appui de cette assertion, on affirmait que dans une partie de l'Atlas, nommée le *D'gibbel Auress*, située au midi de Constantine, il existait des douares k'bayles composés d'hommes très blancs et aux cheveux blonds, ayant conservé tous les caractères de la physionomie des habitants du nord, et qui n'obtinrent la paix qu'en embrassant l'islamisme. Ces tribus k'bayles sont toujours en guerre les unes avec les autres; elles formeront, n'en doutons pas, un obstacle permanent à la colonisation de l'Algérie. Les Berbers fabriquent eux-mêmes leurs armes; ils travaillent très bien le fer et les métaux, et sont d'une incroyable habileté pour faire de la fausse monnaie de tous les pays. Les K'bayles sont, pour ainsi dire, incivilisables, ils n'apparaissent dans la plaine que pour piller les tribus de Bédouins et voler les voyageurs isolés; ils n'épargnent pas plus les Turks et les Maures que les Chrétiens. Cette population hostile diminue, dit-on, chaque jour; on l'évaluait à cinq cent mille ames a l'époque de la prise d'Alger.

6° Les Israélites sont en grand nombre dans la régence, et ils ne nous sont nullement hostiles. Les Hébreux sont en Afrique ce qu'ils sont sur tous les autres points du globe; ne se mêlant de rien, ne se compromettant en rien, s'isolant à l'ombre du drapeau protecteur que nous avons déployé sur leurs têtes proscrites. Ils habitent en grand nombre Alger, Constantine, Biskara, Bône, Trémescen, Maskara, et autres villes de la régence. La plus grande partie du commerce est entre leurs mains, et ce sont leurs courtiers qui traitent avec les marchands qui suivent les caravanes allant de *Tunis* à *Constantine*, de *Tombouctou* à *Maroc* par *Tafilet*, et de *Maroc* à *Tunis* et à *Alger*. La poudre d'or, le sable aurifère, le morfil, les plumes d'autruche et les gommes, en un mot les richesses de l'Afrique centrale ne passent aux mains des négociants européens qu'après avoir laissé aux Juifs les bénéfices d'un usurier courtage. Entièrement livrés aux opérations mercantiles et au commerce de l'argent, dont le Koran défend aux musulmans de retirer intérêt, les Juifs sont tout-à-fait en dehors des questions politiques; ce qui n'empêche pas cependant qu'ils ne fassent des vœux bien sincères pour ne pas retomber sous le despotisme musulman. On évalue à trente mille ames environ la population juive de l'Algérie.

7° Les nègres, dont on peut porter le nombre à cinquante mille ames dans toute l'étendue de la régence, y sont nés en partie, mais le plus grand nombre vient de l'Abyssinie, du Darfour, du Soudan et du Bournou; ces deux derniers pays et le Fezzan en fournissent le plus. Ces diverses races de nègres diffèrent extrêmement entre elles : ceux du Bournou sont d'un très beau noir, et ceux du Fezzan un peu bronzé. Il en vient aussi de l'empire de Maroc, et qui arrivent à Tafilet par les caravanes de Tombouctou. Aussi avons-nous trouvé parmi les nègres de

Bône un habitant de Haoussa, sur les bords du Niger. Ces nègres étaient vendus comme esclaves avant l'arrivée des Français; nous sommes censés leur avoir apporté la liberté, il est vrai, mais ils se montrent peu sensibles à ce bienfait, et seraient peu reconnaissants de ce que nous ferions pour eux; se souciant fort peu d'une liberté dont ils ne savent que faire, et qui leur est à charge depuis que leurs maîtres ne peuvent plus les nourrir. Ils sont paresseux, misérables, et ennemis des chrétiens, à raison de leur fanatisme outré. Peu propres à la guerre et sans courage, les nègres de l'Algérie ne sauraient être un obstacle à la colonisation de la régence. L'esclavage cependant n'a pas été aboli officiellement; des Français même louent encore des nègres à Alger à ceux qui s'en disent propriétaires

8° Les Biskares ou Biskeris et les Beni-Mezabbes semblent être d'une race distincte de celle des K'bayles, quoiqu'il soit évident qu'ils sont indigènes; ils habitent la partie méridionale de la régence. Les villes de *Biskara*, de *Mezabbe*, de *Laghwat*, *Syrah* et plusieurs autres, situées dans un pays très fertile et bien arrosé, sont habitées par eux, et la population est nombreuse. Ces peuples ne dépendent pas du bey de Constantine, mais des scheiks du Sahara, qui regardent comme une de leurs plus grandes oasis le pays dont nous venons de parler. Le plus puissant de ses scheiks était *Dawoudy-Ben-Ghana*, oncle d'Achmed-Bey; il est mort dans l'automne de 1833, et cette mort a diminué de plus de moitié la puissance du bey de Constantine. Le scheik Ben-Ghana avait toute la confiance de son neveu, qui depuis long-temps lui avait confié en dépôt la plus grande partie de ses richesses, sachant bien que les Français iront à Constantine quand ils le voudront. Plusieurs autres scheiks du Bilédugérid sont alliés de Ben-Ghana, et il paraît positif que ce pays, renommé pour la beauté et la bonté de ses chevaux, peut mettre dix à douze mille cavaliers en campagne.

Les Biskares et les Beni-Mezabbes sont braves, courageux et excessivement fanatiques. Les premiers fournissent à toutes les villes de la régence des porte-faix, des hommes de peine et des commissionnaires ; de sorte qu'ils font en Algérie ce que font les Galliciens en Espagne, les Irlandais à Londres, les Auvergnats et les Savoyards en France. Les Biskeris sont probes, sobres et très actifs. Les nomades Beni-Mezabbes vont d'oasis en oasis conduire leurs troupeaux. En embrassant la religion des Arabes, ils ont aussi adopté leurs coutumes et leurs usages ; ils possèdent beaucoup de chameaux et une très grande quantité de chevaux ; ils sont sans cesse à cheval : essentiellement belliqueux, les Beni-Mezabbes sont toujours prêts à faire la guerre.

Rien n'est plus étonnant que la perfection des sens chez ces Africains ; ils ont l'ouïe si fine que, dans le silence du désert, ils entendent la marche d'une caravane à plusieurs lieues de distance, et alors même qu'aux limites de l'horizon rien ne décèle son approche. Dans ces immenses solitudes, ils voient à des distances infinies, et reconnaissent sur le sable, sur le terrain ferme, sur le gazon, les traces des caravanes et celles des voyageurs isolés ; ils distinguent parfaitement si ces traces sont fraîches, et désignent l'époque du passage ; ils font plus encore, ils indiquent à quelle tribu appartient le voyageur. Dans le désert, où rien ne saurait indiquer leur route, ils consultent les astres le jour et la nuit, et ne s'égarent jamais ; ils reconnaissent le gisement des sources à de grandes distances, et avec une admirable intelligence, ils les découvrent aussi bien quand elles sont situées à trois et quatre pieds sous le sable que quand elles ne peuvent surgir qu'à dix mètres de profondeur. Ces étonnantes facultés appartiennent à presque tous les Arabes qui parcourent l'Afrique centrale. On ne peut évaluer que bien imparfaitement cette portion de la population de la régence.

Tels sont les peuples divers qui habitent l'Algérie; il est facile, par conséquent, de juger que, pour les réunir en un seul faisceau, les soumettre et les civiliser, les moyens à employer doivent différer autant que ces peuples diffèrent entre eux. C'est une œuvre de grande patience à laquelle il faudra se soumettre, et qui demandera beaucoup de temps, il ne faut pas en douter.

On pourra soumettre les Turks en les payant bien et les prenant à notre solde.

Il en sera de même pour les Koulouglis, que l'on parviendrait à civiliser entièrement en les traitant bien.

Les Bédouins pourront se soumettre à la longue, mais il leur faut encore quelques leçons et des exemples vigoureux.

Les K'bayles sont incivilisables; et, si la chose était praticable, il faudrait les rejeter au-delà de l'Atlas.

Les Israélites sont hors ligne; il est inutile d'en parler comme obstacle.

Les Biskares et Beni-Mezabbes peuvent être assimilés aux Bédouins.

Les nègres sont peu nombreux, sans force, sans énergie et sans pouvoir.

Les Maures ne présentent qu'une résistance morale, qui cessera du moment où ils auront la ferme garantie de notre respect pour leur religion, leurs mœurs, leurs usages, leurs lois et leurs femmes.

# CHAPITRE V.

La possibilité de soumettre l'Algérie à la domination française existe-t-elle?

Oui, sans doute, cette possibilité existe; mais, sans entrer dans aucun détail sur ce qui a été fait dans la régence depuis la conquête, parce que tel n'est pas le but de notre ouvrage, nous dirons consciencieusement qu'il faut suivre une marche différente de celle qui a été suivie jusqu'à ce jour; il faut faire marcher de front la force et la justice, la fermeté et l'indulgence; il faut agir comme l'a fait le général d'Uzer à Bône.

Pour conquérir la régence uniquement par la force des armes, on a perdu trop de temps. Les Arabes et les K'bayles connaissent aujourd'hui le fort et le faible de nos expéditions. Le bey de Constantine peut bien se rappeler que, couvert d'armes éclatantes, il parcourait courageusement le front de ses Arabes à la bataille de Staouelli; mais la victoire des Français, la prise d'Alger et la chute du dey, sont loin de sa pensée, et les Arabes l'ont oubliée comme lui. Quelques succès partiels, des imprudences fâcheuses de notre part, leur ont appris que nous n'étions pas invincibles, et que leurs balles n'étaient pas sans effet sur nous, comme quelques K'bayles le croyaient dans le principe.

Nous aurons toujours des succès sur le littoral et à huit et dix lieues des points fortifiés que nous occupons, parce que, dans cette position, nos troupes ont un point fixe de retraite, si elles sont ramenées ou obligées de se retirer devant des forces supérieures. Toute la stratégie des Arabes consiste à se retirer devant nos troupes tant qu'elles avancent, accumulant ainsi leurs masses devant notre tête de colonne, se tenant toujours hors de portée, et grossissant leurs rangs, à mesure qu'ils se replient, des tribus qui se trouvent sur leur passage. S'il se rencontre un défilé sur la route que suivent nos soldats, les Arabes en profitent; ils essaient de couronner les hauteurs, si nous ne l'avons fait avant eux, et commencent à harceler nos flancs de manière à retarder la marche. Il faut les débusquer; et, s'ils se sentent trop faibles, c'est avec la rapidité de l'éclair qu'ils rejoignent le gros de leur troupe. Quand notre colonne se déploie pour se mettre en bataille, après avoir passé le défilé, on ne voit l'ennemi dans aucune direction. On a fait dix lieues par une chaleur souvent accablante, on trouve rarement de l'eau pour se désaltérer; et l'on n'a obtenu aucun résultat. Il n'y a dans ce genre singulier de guerre, avec un ennemi qui n'accepte point de bataille et qui ne tient jamais, qu'une seule chance de combat, c'est le moment de la retraite. A peine le signal est-il donné, à peine la contre-marche est-elle prononcée, que déjà les Arabes attaquent en tête, en queue et en flancs. Vous pouvez ordonner des charges, nous dira-t-on; sans doute, on peut en commander, mais sur quoi chargera-t-on? Les Bédouins n'auront pas même formé un peloton; ils ne présentent plus de masses comme dans leur mouvement de retraite; chacun combat pour son propre compte, et notre cavalerie est obligée de rompre ses escadrons, ses pelotons; elle est forcée de charger en fourrageurs, afin de protéger la marche de l'infanterie; et, sous peine d'éprouver un désastre, il faut que notre contre-marche soit faite en bon ordre. L'affaire de Médéah, celles qui ont eu lieu depuis à Alger et à Oran, viennent à l'appui de cette nécessité : tout ce qui reste derrière, tout ce qui s'écarte de la colonne, est perdu sans retour.

Il est encore plus difficile de faire des expéditions lointaines, car les Arabes se retireront toujours en s'agglomérant, et reculeront jusqu'au désert, s'il le faut; pour ce genre d'expédition, dans un pays où il n'y a ni villes, ni villages, il est nécessaire de se faire accompagner d'un matériel indispensable; il faut des vivres, des munitions, des effets de campement, et nous dirons bientôt pourquoi; il faut enfin des prolonges et des ambulances; et comment faire mouvoir tout cet attirail dans un pays dénué de routes, de ressources locales et de tous moyens de communications?

Il n'y a pas de guerre possible contre les K'bayles dans les montagnes; car on les joindrait encore plus difficilement que les Bédouins, si on voulait les poursuivre dans les repaires inaccessibles qu'ils habitent au milieu des bêtes féroces. C'est une véritable chasse qu'on doit leur faire afin de les désarmer s'il est possible, car je ne pense pas qu'on puisse vivre avec sécurité dans leur voisinage. Quand les Bédouins sont engagés avec nos troupes, les

K'bayles descendent rapidement de leurs montagnes pour les soutenir; toute rivalité cesse, ils oublient qu'ils sont ennemis, alors qu'il s'agit de se réunir pour combattre des chrétiens et couper leurs têtes.

Pour faire la guerre avec quelque chance de succès en Barbarie, il faut beaucoup de cavalerie et peu d'infanterie. Je l'ai dit plus haut, jamais les Bédouins, ni les K'bayles n'attendent nos troupes; et c'est les sacrifier en pure perte, que d'envoyer nos fantassins, et toujours le sac au dos, gravir les montagnes, ou poursuivre d'oasis en oasis, à travers des plaines brûlantes, des cavaliers supérieurement montés et qui s'éloignent avec rapidité, après avoir fait feu sur nos pelotons. Nous prendrons pour exemple ce qui se passe à Bône, où l'infanterie n'a été engagée que le 28 septembre 1832, jour où Ibrahim-Bey, ancien bey de Constantine, vint attaquer la ville à la tête d'un corps nombreux d'Arabes et de K'bayles; les excellentes dispositions prises par le général d'Uzer, et la vaillante conduite du 55e régiment de ligne, firent échouer la téméraire tentative d'Ibrahim, et l'audace des Arabes qui vinrent se faire tuer aux pieds des retranchements, ne servit qu'à faire briller la valeur de nos soldats; mais depuis cette époque, il y a eu vingt sorties ou fortes reconnaissances poussées à huit et dix lieues de Bône, et jamais l'infanterie n'a eu l'occasion de tirer un coup de fusil; elle est toujours rentrée en ville accablée de fatigues; et des maladies graves ont succédé à ces fatigues.

Il faut *beaucoup de cavalerie*, parce que l'ennemi nous oppose *beaucoup de cavalerie*, et qu'il est essentiel de combattre son ennemi à armes égales. Les chevaux que montent les chasseurs d'Afrique à Alger, à Bône, et à Oran, sont de la même race que ceux des Arabes et des

K'bayles qui les montent presque toujours à poil. Mieux nourris, bien agrainés, infiniment mieux pansés, ces chevaux acquièrent promptement beaucoup plus de force et bien plus de vigueur, que ceux montés par l'ennemi. Voilà pourquoi les Arabes sont mis en fuite toutes les fois qu'ils s'approchent de Bône et que nos chasseurs vont à leur rencontre ; et je puis affirmer que je n'ai jamais vu aux armées un régiment de cavalerie plus beau que le 3ᵉ des chasseurs d'Afrique, organisé par M. le lieutenant-colonel comte de Chabanes, et dont la remonte a été faite avec le plus grand soin par M. de Beaufort, chef d'escadron au même régiment. Les mêmes causes et le même résultat se remarquent également à Alger et à Oran.

L'artillerie de campagne n'est pas, au moins en ce moment, d'une grande utilité en Afrique ; elle ne sera nécessaire qu'autant que l'expédition de Constantine et celle de Trémescen auront été résolues. Il ne saurait entrer dans notre plan de discuter l'opportunité de ces expéditions ; il est facile d'aller à Constantine, Achmed-Bey le sent parfaitement ; mais il faudra, ou s'y établir, ou en revenir, voilà le seul point embarrassant ; le bey a envoyé ses trésors dans le Sahara, nous l'avons déjà dit, et nous savons d'une manière péremptoire qu'au moindre mouvement sur Constantine, il se retirera chez les Beni-Mezabbes. Si on s'établit à Constantine, il faudra établir une ligne de communication avec la côte, soit avec Bône, avec Boujéia, ou avec Stora qui est infiniment plus rapprochée ; il faut, en outre, des postes intermédiaires fortifiés et armés ; il est donc indispensable de les construire, et après ces grands frais, cette ligne de communication sera toujours vulnérable sur tous les points; car si elle aboutit à Bône, elle aura trente lieues de développement, et on ne pourra communiquer qu'avec de fortes escortes; si on la fait aboutir à Stora, il faut y construire une ville et un fort; si enfin elle est dirigée sur Boujéia, elle traversera une partie des monts Jurjura et le pays de la régence où les K'bayles sont les plus nombreux; et alors on serait sans cesse en contact avec ces mêmes tribus, que les Turks eux-mêmes n'ont jamais pu soumettre malgré l'identité de leur religion. Il y aura des difficultés d'un autre genre pour tenter l'expédition de Trémescen, autrement que par un traité avec les Turks qui en sont les maîtres, et il faudra, avant tout, en finir avec Abdel-Kader et avec les Garrabas, peu disposés à nous livrer passage. Pour l'une comme pour l'autre de ces deux expéditions, il faut de l'artillerie de campagne, des hommes et beaucoup d'argent.

L'artillerie de montagne est utile dans toutes les petites expéditions et fortes reconnaissances; les obusiers de montagne ont surtout procuré des résultats extrêmement avantageux; par conséquent, pourvu qu'il y ait assez d'artilleurs pour servir ces batteries et les pièces qui défendent les forts et les remparts de Bône, d'Oran et d'Alger, on peut faire, peut-être, des économies sur le service de cette arme et aussi sur celui de l'infanterie, afin de les faire tourner au profit de la cavalerie, dont il est de toute nécessité d'augmenter la force, si l'on songe sérieusement à achever la conquête.

L'arme du génie est et sera long-temps en Afrique une arme de première nécessité, car c'est par elle que les travaux doivent être exécutés; ils sont faits tout à la fois d'une manière plus solide et beaucoup plus économique; il serait utile, peut-être, d'adjoindre un bataillon de pionniers, aux compagnies du génie qui sont dans la régence. L'établissement des ponts et chaussées en Algérie est un acte tout-à-fait prématuré, et il n'a produit jusqu'à ce jour que de très minces résultats, si on les compare aux immenses travaux exécutés sur tous les points par le génie, et par nos soldats sous sa direction. Nous pourrions citer à l'appui de notre assertion des preuves et des faits positifs, mais nous n'avons pas l'intention de critiquer, au lieu de raisonner.

Nous pensons donc qu'il faut en Algérie beaucoup de cavalerie, de sapeurs du génie, et des soldats ouvriers; moins d'artillerie et encore moins d'infanterie; proportion gardée.

Nous croyons que le calcul suivant, appliqué à la position de Bône, peut donner une idée si non exacte, du moins approximative, des forces qu'il faut employer dans la régence pour que l'occupation actuelle puisse préparer une colonisation future.

| | |
|---|---|
| Chasseurs à cheval, avec un escadron de lanciers, | 600 hommes. |
| Dragons et spahis, ensemble, | 600 |
| Sapeurs du génie, | 300 |
| Ouvriers et pionniers, | 300 |
| Artillerie, | 200 |
| Infanterie légère, | 1,500 |
| Total. | 3,500 hommes. |

Je soutiens que, en mettant en dehors l'expédition de Constantine qui demanderait un tout autre développement de forces, cet état de situation est suffisant pour l'occupation et la sûreté de Bône, quel que soit l'ennemi qui s'y présente. Il suffit pour assurer la tranquillité du pays et protéger les cultures dans un rayon de trois et quatre lieues autour de la place, et de l'ancienne Hippone, terres qui sont, ainsi que celles de Mostaghanem, au rang des plus fertiles de la régence.

A Oran et Mers-el-Kébir, il faut le même nombre de troupes et dans les mêmes proportions, car il y a sur ce point un grand développement de fortifications à défendre en cas d'attaque, ce sera donc à ajouter un nouveau chiffre de                 3,500 hommes.

---

Pour garder Alger, ses nombreux forts, le fort de l'Empereur, le fort des Anglais, celui de l'Eau, le fort Babazoun, et celui de Vingt-quatre heures; conserver la ligne des blockhausen, et les avant-postes qui doivent protéger les cultures contre les agressions subites des K'bayles de l'ouest et dès Hadjoutes, il faut bien certainement dix mille hommes, dont deux mille de cavalerie et deux mille du génie et de l'artillerie, à moins, toutefois, qu'on ne veuille se renfermer strictement dans la place, et laisser occuper tranquillement Médéah, Bélida et Colléah par l'ennemi, sans aller l'y punir des tentatives qu'il ne cessera de faire sur nos cultures. Il faut donc ajouter              10,000 hommes.

---

Mais nous occupons Boujéia et Mostaghanem, on ne saurait les évacuer *ex abrupto*, sans que les Arabes ne fussent de nouveau encouragés dans leur résistance; car ils ne manqueraient pas de considérer comme un acte de faiblesse ce qui n'aurait été que l'effet d'un calcul d'économie; et si l'on veut faire quelque chose de ces deux points, il faut ajouter trois mille hommes aux dix-sept mille, que j'ai classé plus haut. C'est donc une armée de vingt mille hommes au moins qu'il faut entretenir en Algérie pour conserver notre conquête, et maintenir ce qui existe. Je doute fort qu'aucun général en chef voulût prendre la responsabilité de garder l'Algérie avec un nombre inférieur de troupes ; et je ferai remarquer très péremptoirement, que j'exclus toute idée de conquête, d'agrandissement, ou de mouvement prononcé vers l'intérieur, avec le nombre de troupes que j'ai établi.

Sans doute on me dira : Mais les Turks maîtrisaient toute la population de la régence avec huit mille hommes seulement ! Oui, le fait est vrai : mais ne sortons donc jamais de ce principe : ces huit mille hommes étaient musulmans, et les Français sont chrétiens. Les derviches, les marabouts, les imans, le rappellent sans cesse aux Arabes, et la lecture des deux versets suivants de leur livre sacré, est le sermon le plus utile, la proclamation la plus efficace pour les tribus de la montagne, de la plaine et du désert.

Le Coran dit :..... *point de paix, si elle n'est avantageuse.* Et les Arabes regardent le départ des chrétiens comme la chose la plus avantageuse pour leur indépendance et leur liberté ; de sorte qu'on ne peut, qu'on ne doit accorder qu'une confiance limitée à leurs engagements en affaires publiques et à leurs traités politiques.

Le Coran, dans un autre verset littéralement traduit s'exprime ainsi : *quiconque tuera un giaour* (chrétien) *fera une chose agréable à la Divinité.* Nous avons déjà cité ce texte, qui porte les Arabes à ne pas faire de prisonniers, et à couper la tête à ceux des Européens qui ont l'imprudence de s'éloigner des lieux habités.

Sous le rapport de la conquête, nous sommes moins

avancés en Algérie, que nous ne l'étions il y a trois ans, car alors les indigènes nous craignaient; encore étourdis de notre triomphe à Alger, le bruit de nos armes avait retenti des bords de la Méditerranée aux cimes de l'Atlas, et l'écho de ces montagnes l'avait répété aux confins du désert. Mais pour achever la conquête, ou obtenir la pacification du pays, il fallait profiter de la circonstance, il fallait au moins, puisqu'on n'en profitait pas, suivre une marche uniforme pour arriver à un but fixe et déterminé. Loin de là, tout a été conduit par des moyens différents, il y a eu changement dans les projets, il y a eu des plans adoptés en opposition directe avec d'autres plans déjà arrêtés; l'incertitude, l'hésitation, les rivalités, sont venus à la fois augmenter le nombre des difficultés, en présence des indigènes attentifs à épier notre côté faible, et prompts à profiter de nos fautes. La patience est une des qualités essentielles du fataliste musulman; ils ont vu, ils ont jugé; et l'espérance de voir pacifier le pays a dû s'évanouir pour nous. Les cultures ont entièrement cessé, la colonisation n'a pas fait un pas, et l'armée pas un progrès. Monsieur le maréchal comte Clauzel avait arboré le drapeau français dans Médéah, il l'avait montré aux tribus éloignées en le plantant sur le sommet de l'Atlas. Il flotte aujourd'hui sur les forts d'Alger, et on ne le voit même pas des plaines de Staouelli. Ce sont des vérités sévères, nous le savons bien; mais par cela seul qu'on peut remédier au mal et le faire cesser, on deviendrait coupable de les taire, quand on écrit sur la régence.

Le maréchal Bourmont, le maréchal Clauzel, le général Berthezène, le général duc de Rovigo, et M. le général Voirol ont dû avoir, quant à la conquête, un plan conçu par chacun d'eux en particulier, et il en est résulté ce

qui devait nécessairement arriver, c'est que pas un plan
n'a été suivi, et que notre armée a fait une halte de près
de quatre ans en Afrique. Si on veut conquérir la régence
par la force, il faut en convenir, l'armée est bien disposée
à cet effet, ayant son centre à Alger; sa droite à Oran, et
sa gauche à Bône; elle ne demande pas mieux que d'agir,
il ne manque qu'une chose dans cette hypothèse, c'est de
trouver une armée ennemie à combattre. Cette difficulté
semblerait devoir faire préférer l'emploi des colonnes
mobiles partant des divers points du littoral, en se dirigeant vers des positions indiquées dans l'intérieur, et
où elles feraient leur jonction. Quel que soit le moyen qui
sera employé si on agit par la voie des armes, il faudra,
en ce cas, diriger de puissants renforts sur Alger, Bône et
Oran, et ajouter de grands sacrifices aux sacrifices déja
faits.

Mais sans augmenter le nombre des troupes qui sont
aujourd'hui en Afrique, il est des moyens de pacifier la
régence, et de convaincre les indigènes que la paix sera
plus avantageuse pour eux, que l'état d'hostilité permanente dans lequel ils se maintiennent contre nous, depuis
près de quatre ans. Nous rechercherons ces moyens, nous
essaierons de les développer, en répondant aux trois
questions suivantes.

1° « Le territoire de la régence est-il généralement sain
« et susceptible d'être travaillé par des Européens, sans
« leur faire courir les chances d'une trop grande mor-
« talité?.....

2° « Peut-on se flatter, sans une trop grande masse de
« sacrifices, de trouver dans la possession de la régence
« le remboursement prochain de ceux déja faits?.....

3° « Quel est le régime que l'on doit appliquer à la nou-

« velle possession? quelle latitude de pouvoirs extraordi-
« naires doit-on accorder à l'administrateur en chef? est-
« il convenable de faire précéder le nouveau mode de
« gouvernement d'une enquête sévère sur le passé?

# CHAPITRE VI.

Le climat de l'Algérie est-il généralement sain et susceptible d'être travaillé par des Européens, sans leur faire courir les chances d'une trop grande mortalité ?

Le climat de l'Algérie est parfaitement sain, et les cantons insalubres y font exception à la règle générale. On ne doit pas dire que le climat d'Alger est malsain, par le fait que la plaine de la Mitidja est essentiellement insalubre, que les fièvres sont, pour ainsi dire, permanentes sur les bords de la Mafrag et à la Calle, et que les bords de la Seybouze et du Chellif sont également pernicieux. A ceux qui sans connaître la régence et sans l'avoir habitée prononceraient une semblable hérésie, nous opposerons et nous proposerons ces questions bien simples : L'Italie ne jouit-elle pas d'un excellent climat, quoiqu'on ait presque toujours la fièvre en Calabre, et qu'on meure fort souvent en traversant les marais Pontins ? La France est-elle un pays malsain, parce que dans la

Basse-Bretagne et en Sologne les habitants de la campagne sont presque toujours maladifs? est-elle un pays insalubre, parce que dans les landes qui s'étendent de Bordeaux à Bayonne, on a constamment une fièvre lente, et que l'air des marais de Rochefort tue ceux qui le respirent trop long-temps? Non,... la régence d'Alger n'est point une contrée malsaine. A Oran il n'y a presque jamais de malades; à Alger il y en a fort peu, et à Constantine, Médéah, Mostaghanem, et Trémescen, on ne connaît ni les maladies de la Mitidja, ni les maladies qui ont frappé la population de Bône et le corps d'armée du général d'Uzer, malgré tout le zèle et les soins empressés de ce respectable officier-général.

Il ne serait pas nouveau de répéter que partout où il y a des marais il règne des fièvres, surtout en automne; ces fièvres sont endémiques, et elles le deviendraient alors même qu'elles ne le seraient pas, si on ne fait rien pour assainir le pays. Partout où on laisse encombrer les canaux, les eaux croupissent et les miasmes délétères se multipliant à l'infini, les maladies doivent nécessairement augmenter à proportion. Quoi qu'on ait dit de cette Mitidja tant prônée, et où les Algériens sont obligés de porter avec eux de l'eau potable, quand ils vont visiter leurs propriétés, il est positif que c'est une contrée malsaine, et qu'il sera fort difficile, pour ne pas dire impossible, de la rendre habitable par des Européens. Nous ne savons pas sur quels points de la Mitidja se trouvent les ruines des aqueducs romains dont on parle; ce que nous pouvons affirmer, c'est que nous n'en avons vu les traces nulle part; et que les Maures d'Alger ignorent également où elles sont situées. Il y a tout lieu de croire que la partie de la Mitidja qui borde l'Arratch, et celle que baigne le Mazaffran, étaient tout aussi insalubres, au temps des Romains qu'elles le sont aujourd'hui, et il est bien certain que les Bédouins, qui avant la conquête travaillaient les terres du côté de Bouffarick, étaient chaque année atteints par la fièvre. Ces détails, qui prouvent l'insalubrité de la Mitidja, n'ôtent rien à la richesse et à la fertilité admirable de son sol. Les environs de Bélida ne sont pas sains, mais autour de Médéah la salubrité reparaît avec tous ses avantages; et si l'on veut assainir l'immense plaine qui sépare le plateau élevé d'Alger du petit Atlas, il faut commencer par saigner les terres, afin de donner de l'écoulement aux eaux, et des travaux aussi considérables ne peuvent être exécutés qu'aux frais d'une ou de plusieurs compagnies; mais il ne faut pas douter un instant que la moitié des ouvriers employés à ces travaux ne périsse. La ferme modèle est là pour justifier mon assertion.

Il en est de même des environs de la Calle, si riches en froment de la plus belle qualité. Les Arabes qui travaillent ces terrains sont presque toujours atteints par des fièvres intermittentes, qui ne tardent pas à devenir pernicieuses pour la plupart; et à l'époque où les Français tenaient garnison à la Calle et au bastion de France, chef-lieu de ce qu'on appelait autrefois les concessions d'Afrique, les habitants aisés de ce pays allaient s'établir à Bône, pendant le temps qu'ils appelaient la saison des fièvres.

L'effrayante mortalité qui a régné à Bône en 1832 et 1833, ne doit pas être attribuée à l'insalubrité du pays, et nous allons le prouver; cependant, avant tout, la vérité nous oblige de dire que sur les bords de la Mafrag, les Bédouins Merdass sont atteints de la fièvre en automne, et qu'il suffit même de boire les eaux de cette rivière pour la contracter ; mais la Mafrag vient des montagnes de *Bull*, et elle a son embouchure de l'autre côté de la baie de Bône ; il ne faut pas moins de quatre heures pour s'y rendre par terre et en suivant la plage.

J'admettrai encore que les bords de la Seybouze sont malsains vers son embouchure, si en automne et au printemps on va passer la nuit au bivouac, ou comme on dit vulgairement à la belle étoile, sous l'influence pernicieuse des vapeurs marécageuses de cette rivière, que les quais délabrés de l'antique Hippone ne retiennent plus dans son lit ; mais le même inconvénient se présentera toujours dans la plupart des pays chauds, autour des rivières et des marais. Cependant le territoire de Bône est un pays sain, et les habitants de la ville ne pouvaient concevoir la cause de la mortalité dont ils ont été victimes tout comme nous.

Je m'étendrai davantage en ce qui concerne Bône, parce que ce sont les pertes que nous y avons éprouvées que l'on met toujours en avant, quand on essaie de prouver que la régence d'Alger est un pays insalubre. Une ville aussi considérable que l'était Hippone, si nous en jugeons d'après l'étendue de ses ruines, n'eût pas été bâtie dans une position reconnue malsaine, et cette ville, construite cependant entre la Seybouze et la Boujima, précisément à leurs embouchures, était grandement peuplée à l'époque où saint Augustin y écrivait ses immortels ouvrages. Mais des quais dont les restes attestent la solidité et l'étendue, des digues épaisses contenaient ces deux rivières dans leurs lits, et les forçaient d'épancher directement leurs abondantes eaux dans le golfe de Bône ; de superbes aqueducs conduisaient l'eau salubre des montagnes dans les immenses réservoirs dont nous admirons encore aujourd'hui les colossales constructions.

Les causes physiques qui doivent contribuer à rendre, de nos jours, la ville de Bône moins salubre qu'elle ne l'était jadis, sont bien faciles à détruire. En effet la Seybouze, comme la Mafrag, ne verse ses eaux dans le port qu'après avoir vaincu les difficultés qu'une barre formée par les sables lui oppose à son embouchure, ce qui ralentit nécessairement le cours de ses eaux sur un sol qui n'a presque pas de pente. Rien n'est plus aisé que de faire disparaître cet obstacle, au moyen d'un bateau à draguer, ou d'un appareil à vapeur approprié à cet effet. La Boujima n'a plus d'embouchure, étant totalement obstruée par les sables; les eaux de cette rivière, après s'être créé une sorte de passage, insuffisant vers la Seybouze, sont obligées de se répandre dans la petite plaine qui sépare la ville de Bône des ruines d'Hippone; et des terrains qui furent jadis en culture sont aujourd'hui assez marécageux pour compromettre la santé des habitants. Il y a cependant deux moyens positifs de remédier à ce grave inconvénient, qui avec le temps ne peut prendre qu'un accroissement destructif de la population. Le premier moyen consiste à couper le petit isthme de sables qui s'oppose à l'écoulement des eaux dans le port de Bône; car la rivière d'Or, qui est un des affluents de la Boujima, est également arrêtée dans son cours et inonde, de son côté, la plaine de l'ancien aqueduc romain et celle du blockhausen du palmier. Cet espace de terrain qu'il faut ouvrir peut avoir de trente à quarante mètres de longueur sur une largeur de vingt-cinq mètres environ; et une dépense qu'on estime à 12,000 francs suffirait, dit-on, pour atteindre le but proposé.

Le second moyen consiste à détourner le cours de la Boujima au-dessus des terres de *Frello* dans la vallée des Karezzas, et à lui donner une nouvelle direction vers la Seybouze, en traversant la petite plaine au sud d'Hippone ; la pente naturelle qui existe rendrait cette opération très facile ; mais elle nécessiterait des frais plus considérables que ceux de la première, et il resterait toujours l'inconvénient des eaux de l'*Oued-el-Daab*, ou rivière d'Or, et des nombreux ruisseaux du D'gibel des Beni-Ischaoua, ou chaîne d'Edough.

Il est hors de doute, que par l'une ou l'autre de ces deux opérations, la ville de Bône et son territoire se trouveraient entièrement assainis. Nous avons dit cependant que Bône n'était pas située dans une position insalubre, et que les habitants avaient été fort étonnés de la grande mortalité de 1832 à 1833 ; et pour venir à l'appui de cette assertion, il faut rétablir les faits et dire la vérité tout entière.

Lorsque M. le capitaine d'Armandi, aujourd'hui chef d'escadron d'artillerie, eut conçu le projet de s'emparer de Bône par un coup de main des plus hardis et qui a épargné à la France bien des soldats, et 4 à 5 millions ; la citadelle ou *Kashbah* était occupée par Ibrahim-Bey, Turk candiote, et ancien bey de Constantine, qui avait sous ses ordres une centaine de Turks environ. Ben-Issa, K'bayle, et général d'Achmed, bey de Constantine, ennemi déclaré d'Ibrahim, occupait un camp aux portes de Bône, au débouché des bois d'Hippone : et s'étant enfin établi dans cette ville sur laquelle la kashbah ne cessait de faire feu de ses pièces et de ses obusiers, il la ravageait et la livrait au plus affreux pillage, au viol, et à l'incendie ; lorsque M. d'Armandi (dont il avait voulu s'emparer par trahison quelque temps auparavant) arbora le drapeau français sur cette citadelle. Honneur à ce brave officier, qui, parfaitement secondé par le commandant de la goëlette la Béarnaise, M. Fréart, et par le Mameluck Jussuff, accomplit avec une poignée de braves, parmi lesquels la marine comptait encore un du Couëdic, un des beaux faits d'armes qu'aient présentés les temps modernes. La destruction de Bône devint la suite inévitable de ce coup de main, et la rage qu'éprouva le K'bayle Ben-Issa n'accorda à la population entière d'une ville de commerce, que deux heures pour évacuer des habitations déjà ruinées par le feu de la kashbah; il passa les retardataires par les armes; et chargé de butin et de malédictions, il conduisit les habitants de Bône à Constantine, où la plupart sont encore captifs en ce moment.

Nous parlons ici de ce que nous avons vu, lorsqu'en descendant de la kashbah le 13 avril 1852, nous fûmes chargé par M. le commandant d'Armandi, de faire déblayer les rues et places de Bône. Ici il fallait enterrer des cadavres humains en putréfaction et des animaux domestiques morts de faim; là, il fallait éteindre le feu qui couvait dans des ruines, ou qui brûlait encore les charpentes des maisons écroulées, partout enfin, il fallait déblayer les rues de portes renversées, de meubles brisés, de laines infectes, et de toutes sortes d'immondices. C'est au milieu de cette confusion et de ce désordre repoussant, que quelques Français devaient de nouveau prouver à la patrie que nul danger n'est calculé quand il s'agit de sa gloire. Honneur encore à ce brave 1er bataillon du 4e régiment de ligne, qui, par ordre du commandant d'Armandi, ouvrit à la sape et au milieu des vapeurs pestilentielles de ces foyers de putridité les communications qui devaient nous mettre à l'abri de toute surprise de la part de l'ennemi, puisque la ville était ouverte de toutes parts. Honneur enfin à ce brave 55ᵉ régiment de ligne qui acheva l'assainissement de la ville, força l'ennemi à ne plus tenir la campagne, et qui, victime de l'épidémie, a successivevent peuplé trois cimetières.

Le général d'Uzer arriva, et saisissant d'un coup d'œil exercé l'ensemble de notre triste situation, il ordonna des travaux extraordinaires, sollicita des fonds pour l'assainissement, le déblaiement des cloaques, le curage des citernes dans lesquelles on avait jeté des cadavres, celui des conduits souterrains, et les travaux ne furent interrompus que parce que la somme de 3,000 francs accordée par Alger était hors de toute proportion avec les travaux à faire;..... Il est fort inutile de nous expliquer davantage à ce sujet. La maladie finit par emporter jusqu'à trente personnes par jour, et comme en écrivant ce petit ouvrage nous n'entendons pas rédiger un mémoire d'accusation contre qui que ce soit, nous ne parlerons pas de l'état de situation des hôpitaux; ces faits appartiennent d'ailleurs à l'histoire particulière de la prise de Bône qui sera publiée. Le plus à plaindre de l'armée de Bône était sans contredit son respectable chef, qui ne cessait de réclamer, et qui ne put opposer que sa sollicitude et son dévouement aux calamités qui nous accablaient. Le grand nombre des malades qui succombaient dans les chambrées, faute de places dans les hopitaux, fit naître les plus fâcheuses impressions chez des hommes déja atteints de nostalgie, et l'épidémie, que nous laissons aux gens de l'art le soin de qualifier, succéda bientôt aux gastro-entérites, aux gastro-céphalites, qui décimaient l'armée. Une commission spéciale fut envoyée par le général en chef duc de Rovigo, afin de vérifier les causes de la mortalité qui régnait à Bône ; trois hommes d'un talent distingué, le médecin en chef de l'armée, M. Stéphanopoli, le chirurgien en chef M. Chevreau , et M. Juvin, pharmacien en chef, composaient cette commission, devant laquelle tous les chefs d'emplois civils et militaires furent appelés à émettre leur opinion. Nous ne sommes pas chargés de publier le travail de cette commission, qui à son retour à Alger s'empressa de faire disparaître, en grande partie, les causes du mal ; mais nous rentrons dans notre sujet, en déclarant que ce n'est pas le climat de Bône qui a causé la grande mortalité de 1832 à 1833. Nous admettrons que l'influence du climat sur nos jeunes soldats, et celle des marais accidentels formés par la Boujima, n'ont pas été étrangères à cette cruelle maladie, en donnant naissance à des fièvres intermittentes. Toutefois c'est principalement l'insuffisance et la mauvaise tenue des hôpitaux, l'insalubrité des casernements provisoires et l'état d'infection de la ville de Bône, qui transformèrent ces fièvres intermittentes en fièvres typhoïdes, fièvres aiguës et pernicieuses, et les habitants maures, arabes et juifs qui en ont été victimes comme nous, nous ont assuré n'avoir jamais rien éprouvé de semblable à Bône.

Il n'y a pas de climat plus sain que celui de Constantine et de l'intérieur de la régence. On ne retrouve des fièvres intermittentes au sud du petit Atlas qu'aux bords des lacs et surtout aux environs de la grande plaine marécageuse de *Shott*, toujours inondée, ou couverte de sel pendant la sécheresse. Certaines vallées profondes situées dans les diverses chaînes de l'Atlas passent aussi pour être malsaines; mais il n'y a ni nécessité ni même possibilité d'aller coloniser dans ces cantons éloignés, où les Turks eux-mêmes pénétraient rarement.

Il n'est pas douteux que les Européens ne soient propres à la culture des terres de l'Algérie, mais il y a certaines précautions à prendre et dont on ne saurait se départir sans danger. Nous allons les exposer rapidement, d'abord pour les colons, puis pour l'armée.

Il faudrait commencer les travaux agricoles à cinq heures du matin, et les suspendre de dix à quatre heures du soir pour les reprendre à cette heure jusqu'à six heures, ce qui donnerait sept heures de travail, par jour, dans les champs; le reste de la journée devrait être exclusivement consacré aux travaux de l'intérieur, ou à ceux qui ne demandent ni mouvements violents, ni une trop longue exposition à un soleil ardent. Nous disons que ce système doit être régulièrement suivi, pendant les mois de juin, juillet, août, septembre et partie d'octobre, car pendant le reste de l'année il n'y a nul inconvénient à travailler comme on le ferait en France.

Il est essentiel que les Européens aient la précaution de ne pas s'exposer à l'humidité après le coucher du soleil, surtout dans les environs des rivières et au pied des montagnes. Il est tout aussi important pour eux de ne jamais coucher hors des habitations, cet usage serait mortel, et nous en avons malheureusement été témoin.

Les Européens devront se priver de l'usage immodéré des liqueurs alcooliques et du vin, qu'ils ne boiront jamais sans le mélanger avec moitié eau. La meilleure boisson serait les piquettes ou l'eau acidulée; car l'usage trop fréquent de l'eau pure et fraîche serait également dangereux, surtout en été, et après avoir travaillé.

Il est certain que les habitants des pays méridionaux s'acclimateront bien plus facilement que ceux des contrées du nord, et nous en avons également eu la preuve à Oran, à Alger, et principalement à Bône, où une compagnie espagnole de la légion étrangère est arrivée pendant la maladie de l'été de 1833, et n'a pas eu un seul homme malade, pendant que le bataillon allemand de la même légion a perdu la moitié de son monde.

C'est donc un fait positif qu'avec des précautions indispensables et une bonne direction donnée aux travaux, les Européens peuvent très bien s'acclimater et cultiver les terres de l'Algérie sans aucun inconvénient; mais il sera de toute nécessité de faire des règlements fondés sur les principes d'hygiène que nous avons établis plus haut, et ce n'est qu'en les faisant exécuter avec fermeté, qu'on parviendra à atténuer les effets du changement de climat pour les colons.

Comme les colons ne sauraient exister et se maintenir sur le territoire de la régence sans le secours d'une armée qui puisse garantir leur sécurité, il est utile d'exposer le régime hygiénique militaire qui doit contribuer à maintenir la santé des hommes.

Les principales causes qui ont éclairci les rangs de notre armée d'Afrique sont 1° l'influence du climat; nous en avons parlé précédemment, et elle doit s'exercer sur nos soldats, comme sur nos colons; 2° les factions, pendant les nuits, qui sont toujours fraîches dans les pays montagneux et constamment humides aux bords de la mer; 3° l'état des hôpitaux et celui des casernes provisoires; 4° le poids trop considérable de l'équipement du soldat dans les pays chauds. En suivant les règles que nous avons établies pour les colons, il est positif qu'on obtiendra les mêmes résultats pour les soldats. Il est aisé, en réglant le service, d'éviter les inconvénients qui doivent infailliblement résulter de la longueur trop prolongée des factions, et il est indispensable que chaque poste soit pourvu d'assez de guérites pour que nul factionnaire ne soit exposé à la fraîcheur des nuits, ou aux pluies qui tombent souvent par torrents pendant trois mois de l'année. Il suffit d'avoir signalé au gouvernement les abus et ce que les hôpitaux peuvent avoir de défectueux, pour être convaincu qu'un système complet d'amélioration sera promptement introduit à cet égard. Quant au poids trop considérable de l'équipement dont nos soldats sont chargés, il est constant qu'il n'y a rien de plus facile que de remédier à cet inconvénient, et de ne pas charger d'un sac inutile, des hommes qui ne sortent de leur camp et de leurs retranchements que pour poursuivre un ennemi agile, qui ne porte qu'un fusil et un bernouze, quand il est à pied, ce qui arrive rarement.

Une autre cause à laquelle il n'est pas aussi aisé d'apporter un remède prompt et curatif, est l'ennui qui, chez le soldat, dégénère bientôt en nostalgie complète; le seul qu'on puisse proposer avec quelque chance de succès, c'est le travail qui procure des distractions, et auquel les hommes se livreront avec une ardeur qu'il faudra souvent modérer, si on leur présente l'appât du lucre, et s'ils ont enfin la perspective d'améliorer leur situation et de revoir la patrie avec le fruit de leurs travaux et de leurs épargnes.

Plusieurs lecteurs seraient étonnés qu'en parlant de la

salubrité de l'Algérie, nous n'ayons pas dit un mot de ce
terrible vent du désert, que les Arabes du Sahara appellent *vent de mort.* Cet épouvantable fléau n'occa-
sionne pas de maladies, il tue, dans les pays soumis à sa
fatale influence. Nous ne nions pas qu'il ne souffle quelquefois à Alger, à Bône et à Oran, mais il ne dure que
quelques heures au plus, et il est facile de s'en garantir.
Rafraîchi, d'ailleurs, en traversant les hautes vallées de
l'Atlas, il a perdu une partie de son action destructive
lorsqu'il arrive en point de contact avec les fraîches et
régulières brises qui viennent de la Méditerranée. A
Bône, comme à Alger, nous l'avons éprouvé plusieurs
fois en 1832 et 1833 ; et tout modifié qu'il est, par les
raisons que nous venons de déduire, il n'en est pas moins
insupportable. En effet, avant qu'il ne commence à souffler, il est annoncé par un vent du S.-E. déja fort chaud
par lui-même, l'horizon prend une teinte rougeâtre,
l'atmosphère se charge, elle devient nébuleuse, le vent
du désert commence à souffler progressivement et arrive
à la violence des ouragans ; l'air est embrasé, celui qu'on
respire avec peine est semblable aux bouffées de chaleur qui s'échappent d'une fournaise ardente. Le parti le
plus sage, celui que prennent les indigènes, le meilleur
enfin, c'est de rentrer chez soi, et de fermer toutes les
ouvertures des appartements. Il n'est pas nécessaire de
recommander de ne point respirer cet air destructeur de
la vie, puisque pour obtenir la respiration il faut nécessairement se tourner du côté opposé à celui d'où il
souffle. Cependant, je le répète, sa durée ne se prolonge
pas. Mais si ces effets sont tels aux bords de la mer, on
jugera aisément de ce qu'ils doivent être dans le Sahara
et sur le versant méridional de l'Atlas, où toute action

des vents du nord est interceptée par l'élévation de la chaîne atlaïque. Aussi, avons-nous entendu en Afrique le récit d'épouvantables catastrophes arrivées à des caravanes entières surprises au milieu du désert par le *vent de mort*, ou bien ensevelies sous les vagues de sables qu'il soulève, tout comme l'aquilon entasse les unes sur les autres celles de l'océan. S'il souffle quelquefois dans la partie septentrionale de l'Algérie, ce n'est pas d'une manière assez violente pour le considérer comme un obstacle à la salubrité du pays. Nous n'en avons parlé que pour éviter qu'on nous fasse un reproche de notre silence.

# CHAPITRE VII.

Peut-on se flatter, sans une trop grande masse de sacrifices, de trouver dans la possession de la régence le remboursement prochain de ceux déjà faits?

CETTE question a été ainsi posée dans plusieurs journaux de la capitale en décembre 1833, de même que celle qui précède et à laquelle nous avons essayé de répondre. Il ne faut pas prendre une voie détournée pour arriver à la vérité en répondant à celle-ci. Oui certainement, il faut se décider à faire de nouveaux sacrifices si l'on songe sérieusement à coloniser l'Algérie, car ceux qui ont été faits jusqu'à ce jour n'ont encore rien produit pour la métropole, et la colonisation est stationnaire dans son berceau. Cependant Alger, nous dira-t-on, coûte à la France au-delà de 30 millions par an, et nous en sommes parfaitement convaincus ; nous ajouterons même à ce total les fonds qui sont prélevés dans le pays d'Alger, en vertu des arrêtés qui régissent le pays, sur des colons malheureux pour la plupart, trompés dans leurs espérances, et même sur des objets de consommation propres à l'usage de l'armée. Non,... mille fois non, ce n'est pas ainsi que l'Angleterre a fondé ses brillants établissements coloniaux ; ce sont des libertés et des franchises qu'il leur faut accorder, et non des douanes, des octrois, et des impôts indirects qui absorbent en un clin d'œil les épargnes que quelques Français ont cru pouvoir faire mieux fructifier dans la régence que sur le sol protecteur de la mère patrie. Voilà pourquoi il existe à Alger, à Bône et à Oran, une foule de Français venus pour coloniser, et qui après s'être vainement débattus pendant trois années consécutives contre la misère et le fisc, n'ont plus même l'espérance de revoir leurs pénates, faute de moyens pécuniaires pour payer leur passage : et si ces malheureux trouvent à faire un petit commerce, il faut qu'ils empruntent, d'abord pour payer le droit de patente, puis encore pour acquitter les droits d'entrée. Les tribunaux, forcés de se conformer à des arrêtés destructeurs de toute colonisation, les poursuivent avec rigueur. Le général Monck d'Uzer avait tellement bien senti, après la prise de Bône, qu'une ville saccagée, brûlée, démolie et sans aucune ressource, privée enfin de presque tous les objets de consommation, avait besoin de primes d'importation et non d'un système de fiscalité et de prohibition, qu'il rendit plusieurs ordonnances pour suspendre l'exécution de certains arrêtés qui n'avaient d'autres résultats à Bône, que de ruiner et exaspérer l'armée, en réduisant les indigènes à la mendicité.

A peine ces mesures conservatrices étaient-elles connues à Alger, que la centralisation cassait les ordonnances du général, sous prétexte qu'il était sorti de ses attributions. Faut-il citer un exemple remarquable? le voici. En 1832, M. le général d'Uzer suspendit l'exécution du droit d'ancrage dans la rade de Bône, afin d'y attirer le cabotage de la côte, et les Maures de Boujéia, de Stora, du Collo et de Gizery conduisirent dans ce port une foule de chebecs, lances et barques chargés de bois, cuirs, cire, orge et pelleteries; plus tard on n'eut aucune considération pour les motifs qui avaient dicté la mesure prise par le général d'Uzer, on ordonna l'exécution de l'arrêté et la perception du droit d'ancrage.... Qu'est-il arrivé? c'est qu'en 1833 il n'est entré presque aucune embarcation des ports du littoral dans celui de Bône.

Ce système de douanes, établi prématurément dans notre nouvelle possession d'Alger, est la cause principale du peu de progrès qu'a faits la colonisation, et spécialement du renchérissement excessif des denrées de première nécessité. L'élévation du tarif de 8 pour cent, que paient les étrangers, éloigne les navires espagnols, sardes, italiens et maltais, pendant que les Maures de la régence, qui ne sont assujettis qu'à la moitié de ce droit, aiment mieux porter leur blé, leurs pelleteries et cuirs, leur cire et leur huile à Tunis et dans le Maroc, où ils paient sans murmurer les légers droits imposés par des lois musulmanes, que de venir dans les ports occupés par nous, se soumettre au régime tracassier de nos douanes. Nous n'avons vu nulle part, en étudiant le système colonial des diverses nations, qu'une colonie fût dès son berceau confiée aux agents du fisc pour la faire prospérer.

L'importance de ces rentrées devient presque nulle pour le trésor, car elles sont absorbées en grande partie par une foule d'agents, de comptables et d'employés dont

7

les uns sont grassement payés, et les autres si mesquine-
ment rétribués qu'ils n'ont pas suffisamment pour vivre.

Une nouvelle France attend des colons en Afrique, et
nous avons dit que cette nouvelle France compte dans
son sein deux millions d'indigènes. Il faut donc convaincre ces peuples qu'ils seront plus heureux sous notre domination qu'ils ne l'étaient sous le régime arbitraire des
Turks. La tâche est difficile, nous le savons : la conquête
n'est un droit que pour les tyrans, et si elle est funeste
aux peuples asservis, elle ne l'est pas moins à leurs op-
presseurs. On s'est lancé au milieu d'eux par l'invasion, il
faut s'y maintenir par la force, et l'opulente Ceylan, que
nous prenons pour exemple, coûte plus à garder qu'elle
ne produit à l'Angleterre. Il est un moyen plus légal et
plus sûr de coloniser la régence d'Alger, car là aussi nous
sommes conquérants ; c'est d'acheter les terres aux Maures qui veulent les vendre, et de concéder gratuitement
celles dont le gouvernement peut disposer comme étant
du domaine commun, et après avoir largement fait sa
part : concessions qui ne doivent être faites qu'à ceux qui
s'engageront à les mettre en culture dans un laps de temps
donné, avec prohibition du droit de rétrocession pour
les terres concédées, pendant le même espace de temps.
Si par une scrupuleuse exactitude on donne aux indigènes l'exemple de la bonne foi, si on n'abuse pas de leur
malheur, de leur ignorance ; si on les fait même partici-
per aux avantages qui résulteront de l'exploitation de leur
territoire, ces peuples seront les amis, les appuis des colons ; ils s'uniront à eux pour repousser les K'bayles des
montagnes et les hordes errantes du désert. La meilleure
politique, n'en déplaise à certains diplomates, est celle
de la bonne foi.

Loin de suivre le plan que nous venons de tracer, le gouvernement de la régence n'a rien fait depuis la conquête pour régler la distribution des terres; une foule d'arrêtés incohérents forment une législation toute exceptionnelle. Ainsi les chrétiens ont pu acheter des terres et des maisons à Alger, pendant qu'ils ne le pouvaient pas à Bône. Aujourd'hui ils peuvent acheter des terrains aux Maures de cette dernière ville, mais on ne peut y acquérir de maisons avant que le *conseil des ponts et chaussées de Paris* n'ait envoyé les alignements et le plan de Bône arrêté par lui. Nous voyons quelques lecteurs sourire de ce que nous venons de dire, ce qui n'empêche pas le fait d'être positif. A Boujéia et à Mostaghanem, on ne peut acheter ni terres ni maisons. Et pourquoi entrave-t-on ainsi les transactions entre les chrétiens et les musulmans? Les Turks et les Maures qui veulent émigrer sont obligés d'abandonner leurs biens, qu'ils céderaient à vil prix plutôt que de les laisser perdre; le colon européen qui arrive immédiatement après l'occupation peut faire une bonne affaire en achetant à très bon marché; plus tard et quand arrivent les grands spéculateurs, ces mêmes biens ont triplé de valeur, et les petits capitalistes, qui forment le noyau primitif de la colonie, ne peuvent plus concourir à leur adjudication; c'est à Alger seulement que se voient les preuves de ce que nous avançons. Sur ce point, on ne trouve plus aujourd'hui que peu ou point de terrains à acquérir, si ce n'est de la troisième et quatrième main.

Le gouvernement, dira-t-on, n'a pas fait de concessions, parce qu'il ne pouvait ni ne voulait s'engager envers les colons cultivateurs; il n'a rien vendu du domaine du beylick, de ceux des mosquées, des corporations et du pèlerinage de la Mekke et de Medinah ! Cela se conçoit aisément, puisque aucune détermination invariable n'a encore été prise, mais nous répondrons à cette objection qu'en prélevant les droits d'enregistrement et de mutation sur les ventes opérées entre les particuliers, le gouvernement semblerait avoir donné une garantie suffisante de stabilité, et devrait rembourser les sommes qu'il aurait reçues en vertu d'arrêtés fiscaux. Ne serait-il pas même de toute justice de payer une indemnité pour les propriétés délaissées par suite d'une retraite ordonnée par le gouvernement, propriétés qui ne furent acquises d'ailleurs que sous son patronage ?

Si on devait continuer à occuper militairement l'Algérie sans faire marcher de front la colonisation et l'occupation, il faudrait se hâter de l'évacuer, car plusieurs centaines de millions s'engloutiraient encore en Afrique sans nul profit pour la France ; l'Algérie deviendrait indubitablement pour nous le véritable tonneau des Danaïdes ; et les fertiles terres de la régence, si la colonisation n'est pas faite sur une large échelle, absorberaient ces millions, tout comme les sables du désert absorbent des torrents de pluie sans rien produire.

Les trente millions que la France verse annuellement dans la régence d'Alger sont exclusivement employés pour les services militaires et l'entretien de l'armée. Je ne parle pas des sommes que procurent les impôts perçus dans la régence, parce qu'au lieu de les augmenter, ils devraient être diminués, et plusieurs modes de perception même entièrement supprimés ; ces impôts, d'ailleurs, suffisent et au-delà pour solder une administration civile qui nécessite un remaniement général et une organisation différente. Mais si l'on veut être juste et impartial, il faut admettre que si le corps d'occupation était en France au lieu d'être en Afrique, il coûterait plus de la moitié de ces 50 millions; le surplus est employé à raison des traitements extraordinaires, des mises d'entrée en campagne, du personnel nécessairement plus nombreux des états-majors, des administrations de tous genres qui doivent être attachées à l'armée, des frais du génie, de ceux de l'artillerie, des hôpitaux et du matériel de l'armée, dont l'entretien est nécessairement bien plus coûteux en Afrique q ne le serait en France. Les constructions des casernes, des écuries, des hôpitaux et des magasins, dans un pays où on a été obligé d'utiliser les mosquées au grand mécontentement des habitants, absorbent une grande partie de ces millions, et les réparations des forts, la construction des ouvrages de campagne, celle des blockhausen et des routes militaires, viennent encore impérieusement grossir la liste de ces dépenses. Ces 50 millions sont donc absorbés par l'armée et l'administration militaire; nous ne voyons aucune dépense affectée à ce qu'on appelle réellement colonisation, car on ne saurait qualifier de système de colonisation quelques malheureux essais qu'on a faits exclusivement près d'Alger, à *Kouba* et à *Daïly-Ibrahim*, où trois cents colons environ, quoique fort bien logés, nous prouvent chaque jour qu'on ne peut ni ne doit coloniser, si on n'obtient que de semblables résultats.

On a tracé et fait de belles routes dans les environs d'Alger; on a réparé à Oran une grande partie des belles fortifications construites par les Espagnols; on a pareillement reconstruit, pour ainsi dire, la plupart des forts qui entourent Alger; on a élevé quelques ouvrages de campagne à Bône, à Boujéia, à Mostaghanem, mais c'est pour

et par l'armée que ces divers travaux ont été exécutés, et
il est de fait que si nous venions à abandonner la régence
en ce moment, à l'exception de ces travaux militaires
nous ne laisserions après nous que la dévastation et des
ruines; nous le répétons, parce que c'est la vérité, nous
n'avons rien su conserver, nous n'avons fait que démolir
et détruire, ravager et déboiser le pays; quelques constructions en planches venues de Trieste, et qui ont coûté
fort cher, seront peut-être à Bône les seuls monuments
que nous laisserons aux Maures pour témoigner de notre
séjour auprès des colossales ruines d'Hippone. Les Romains savaient vaincre, conquérir et coloniser; bien certainement nous savons vaincre, et nous sommes les
maîtres de garder nos conquêtes; mais savons-nous coloniser?....

Ce serait donc, selon nous, une somme de 12 millions,
qu'il faudrait consacrer annuellement à la colonisation de
la régence, indépendamment des fonds nécessaires à
l'entretien de l'armée protectrice. Mais cette somme considérable, ce lourd sacrifice, devrait être exclusivement
consacré à la création et au développement de la colonie.
Elle servirait:

1° A affranchir la régence du paiement de tous droits
pendant cinq ans;

2° A permettre de déclarer ports francs, tous les ports
de l'Algérie, pendant le même espace de temps;

3° Elle servirait à assainir les portions du littoral qui
ont besoin d'être assainies, en creusant des canaux, con-
struisant des routes et des chaussées, en désobstruant
enfin l'embouchure de certaines rivières;

4° Une partie de cette somme devrait être destinée à
donner des primes d'encouragement aux colons laborieux,

c'est-à-dire à ceux qui cultiveraient eux-mêmes leurs champs; à leur fournir pour la première année seulement des semences et des instruments aratoires, dont ils rembourseraient la valeur par des bons payables dans cinq ans; et quand il serait bien prouvé, devant une commission spéciale, que ces colons étaient prolétaires en France, qu'ils sont venus en Algérie pour cultiver, et qu'ils n'ont pas les moyens pécuniaires nécessaires pour se livrer à l'agriculture;

5° Il serait encore utile de prélever sur cette somme les frais de passage de ces mêmes colons sur les vaisseaux et navires de l'état, afin de défrayer la marine de ses avances;

6° Sur ces 12 millions, on prélèverait également tous les frais de l'administration civile indispensable, ceux des tribunaux et des hospices; et on verserait au trésor les produits des droits qu'on jugerait pouvoir conserver sans gêner le commerce, le produit des amendes prononcées par les tribunaux, et également les prestations payées par les bâtiments corailleurs.

Il serait difficile de ne pas atteindre le but désiré, avec de pareils sacrifices sagement employés. L'Angleterre, nous le répétons, ne doit l'opulence et la prospérité de ses nombreuses colonies qu'à la judicieuse prodigalité de ses avances. Nous verrions bientôt que dans cinq ans l'Algérie commencerait à nous rendre une partie de nos sacrifices, que dans dix ans, nous en aurions recouvré plus de la moitié, et qu'enfin dans vingt ans, la France serait affranchie de l'énorme tribut qu'elle paie au commerce étranger.

Sur ces 12 millions exclusivement consacrés à la

colonisation, il serait peut-être avantageux de faire la répartition suivante :

| | |
|---|---:|
| Alger, Bélida, Colléah, Médéah, et Mitidja. . . . . . . . . . . . | 6,000,000 fr. |
| Bône, plaines de la Seybouze, la Calle. . . . . . . . . . . . . | 2,000,000 |
| Boujéia et Stora. . . . . . . . . . . | 1,000,000 |
| Orau, Mostaghanem, Arzew. . . | 3,000,000 |
| Total. | 12,000,000 fr. |

Ce n'est que progressivement que l'on doit porter les cultures vers l'intérieur, ayant toujours soin d'armer les colons et de les former en gardes coloniaux ; les tribus alliées devront leur servir d'éclaireurs, en plaçant toujours leurs dowars ou douares en avant de nos cultures ; on les y engagera aisément, en leur faisant des avantages qui doivent être pris sur les fonds consacrés à la colonisation, et non sur ceux destinés à l'entretien de l'armée et à ses opérations. Des blockhausen placés de distance en distance et correspondants entre eux nous répondraient de la fidélité de nos amis, comme de l'agression de nos ennemis. Nous ne développerons pas ici l'ensemble de ce système de colonisation progressive, que les Russes emploient avec le plus grand succès en Mingrélie et en Géorgie, car les sauvages habitants du Caucase ne sont pas plus civilisés que les K'bayles de l'Atlas, et les Kurdes sont tout aussi jaloux de leur indépendance que les Bédouins.

Dans notre opinion, ce ne sera donc que dans cinq ans à compter du jour où la loi à intervenir sera promulguée en supposant qu'elle soit favorable à la colonisation d'Alger, que le gouvernement français pourra commencer à retirer un revenu quelconque de la France africaine; car il serait superflu, disons même impolitique, de demander aujourd'hui le plus léger tribut aux hordes indigènes; nous ne devons pas le dissimuler, c'est précisément parce que le bey de Constantine exige des contributions des Arabes qui occupent les environs de Bône, et que le général d'Uzer au contraire leur donne de l'argent, que les tribus des *Karezzas* et des *Beni-Urgin* combattent dans nos rangs contre les Bédouins d'Achmed-Bey. C'est parce que nous ne leur demandons rien, que les tribus de *Oulled d'Attiah*, de *Oulled Boazis*, des *Merdass*, de *Beni-Fougal*, de *Sébaha*, de *Tallaha*, de *Beni-Sallaha*, et de *Beni-Ischoua*, reconnaissent l'autorité française de Bône, pendant que le Bédouin *Ben-Yacoub*, lieutenant du bey de Constantine, pille leurs troupeaux, dévaste leurs récoltes, et brûle leurs douares, quand ils refusent de payer leur contribution annuelle à ce Turk, qui se fait appeler *bey des Arabes*, titre qui convient mieux à sa politique que celui de bey de Constantine, à raison de ses rapports de famille avec les scheiks du Sahara. Ce n'est donc qu'avec du temps et des ménagements qu'il sera possible, n'en doutons pas, d'exiger des Arabes ces mêmes contributions qu'ils paient à leurs beys. Personne ne saurait mieux juger du moment opportun pour faire cette demande, que les gouverneurs des localités; il est vrai que la plupart s'attendent à ce qu'on la leur fera, mais il ne faut pas d'action partielle, et cette loi devrait être également exécutée sur tous les points de l'Algérie. Que signifie, en effet, de faire payer des contributions aux tribus du beylick de *Titery* et à celles du beylick d'*Oran*, pendant que celles de la province de Constantine ne paient aucune taxe, parce qu'on ne leur demande rien? En mettant à part la haute sagesse, l'impartiale justice, et toutes les qualités essentielles qui sont le noble apanage du général d'Uzer, croit-on que l'espèce de franchise sous laquelle vivent les tribus qui environnent Bône, n'ait pas contribué à faire notre position telle qu'elle est sur ce point de la régence?

Les tribus paient annuellement une contribution par charrue, soit en argent, laine, cire, mais presque toujours en argent. Cette taxe est de 14 à 18 francs pour chaque paire de bœufs de labourage; c'est la seule imposition qui puisse être accueillie sans murmures par les Bédouins, parce qu'ils sont depuis des siècles accoutumés à la payer; mais pour les décider à faire ce paiement à des chrétiens, nous ne pensons pas que le moment soit encore venu de l'exiger.

Si on ne peut retirer, d'ici à cinq ans, et peu à peu, que d'insignifiants tributs de la part des Arabes, nous avons suffisamment prouvé, dans notre manière de voir, qu'on n'en devait retirer aucun, et sous quelque dénomination que ce soit, des nouveaux colons cultivateurs, puisque, au contraire, nous avons pensé qu'il était utile et indispensable de leur accorder des secours, des concessions et des encouragements. Ce sera donc une série de sacrifices qui durera cinq ans; mais il y en a déja près de quatre que la France occupe Alger, et on ne peut pas dire qu'au mois de juillet prochain elle aura dépensé la somme de 120 millions pour l'occupation de la régence, à raison de 30 millions par an; car, en laissant pour couvrir les frais de l'expédition du maréchal Bourmont les 55,984,527 fr. que cette expédition a fait rentrer dans nos coffres, dont

48,684,527 francs en espèces, il restera à défalquer la valeur en numéraire :

1° Du matériel immense de l'artillerie prise à Alger, Bône et Oran ;

2° Celle de toute la marine algérienne ;

3° La somme payée à Tunis pour la pêche du corail, tribut dont nous sommes affranchis ;

4° Les contributions et produits de la régence depuis l'occupation ;

5° Ce qu'auraient coûté en France les vingt-cinq mille hommes du corps d'occupation ;

6° La valeur des matériaux contenus dans les arsenaux de la marine ;

7° Celle, enfin, des poudres et projectiles de toute nature trouvés à Alger, Bone et Oran, et en immense quantité.

On serait fort surpris, en calculant toutes ces valeurs, de voir de quelle forte somme serait diminué le gros total de 120 millions, qui, suivant le calcul établi plus haut, auront été dépensés pendant les quatre années qui finiront au mois de juillet 1834.

Nous avons fait entrer en ligne de compte les sommes que le fisc français a retirées de la régence. D'après l'annuaire d'Alger,

La douane a produit, en 1830,     147,506 fr.

en 1831 ,     452,060

en 1832 ,     636,961

On voit que la progression est sensible, et elle a été dans la même proportion à Oran et à Bône. Les domaines ont aussi produit de fortes rentrées, et si les colons européens comme les indigènes obtenaient des garanties sur la stabilité des choses, il est à présumer que dans cinq ans le commerce aurait pris un tel accroissement, que l'Algérie pourrait être rangée dans la catégorie des plus belles colonies. On peut juger par le tableau ci-dessous, que nous empruntons à l'annuaire d'Alger pour 1833, du mouvement des affaires dans la seule ville d'Alger en 1832.

### Importations à Alger.

| | |
|---|---|
| De France. | 3,891,189 fr. |
| D'Italie. | 1,168,158 |
| Des possessions anglaises dans la Méditerranée. | 837,142 |
| De Tunis. | 112,955 |
| D'Espagne. | 108,726 |
| De Suède. | 9,700 |
| Total. | 6,127,870 |

### Exportations d'Alger.

| | |
|---|---|
| Pour la France. | 631,746 |
| Pour l'Italie. | 99,335 |
| Pour les possessions anglaises dans la Méditerranée. | 4,412 |
| Pour Tunis. | 18,782 |
| Pour l'Espagne. | 18,404 |
| Pour la Suède. | » » |
| Total. | 772,679 |

Parmi les principales importations de la France, les vins figurent pour une somme de 684,000 francs; les farines pour 522,000 fr.; les tissus pour celle de 657,000 fr. La seule ville d'Alger a donc mis en circulation commerciale près de 7 millions de capitaux, et si l'on joint à ce mouvement ceux des ports de Bône et d'Oran, on aura du moins un aperçu de ce que pourra devenir le commerce de la régence, lorsque le gouvernement lui aura donné la stabilité et la sécurité qu'il réclame.

La France est obligée de payer annuellement à l'étranger l'énorme somme de 162 millions, comme nous l'avons établi dans le chapitre qui précède, pour l'importation des matières premières qui manquent à ses fabriques. Cette somme de 162 millions, multipliée par cinq, donne celle de 810 millions de numéraire, que la France paiera à l'étranger dans l'espace des cinq années que nous demandons pour fonder la colonie. Or, comme nous avons catégoriquement prouvé que le sol et le climat de la régence sont également propres à la culture et à la production des denrées qui nous manquent, on doit présumer que dans cinq ans la nouvelle colonie pourra déja affranchir la métropole d'une partie du tribut onéreux qu'elle paie à l'étranger; car la possession du pays sera encore contestée; mais dans dix ans cet avantage sera doublé, ce qui doit faire présumer que dans vingt ans le commerce étranger n'aura plus rien à fournir à nos besoins et à nos manufactures.

La seule objection victorieuse que nos lecteurs se croiraient fondés à nous faire, et la seule d'ailleurs en apparence plausible, serait qu'en retirant de la régence tous les produits intertropicaux que nous recevons ou importons de l'étranger dans la métropole, nous nous priverions ainsi d'une partie de l'exportation de nos propres produits, surtout en objets manufacturés, donnés en échange à l'étranger. Comme nous l'avons dit, cette objection est plausible, mais pour la combattre sans réplique à la satisfaction même de nos contradicteurs de bonne foi, il suffira de dire qu'une population nombreuse, partie de tous les points de l'Europe, affluera en Algérie quand la justice et le droit y protègeront l'industrie, les capitaux et les propriétés. Donnez des garanties aux colons, garantissez leur sécurité en pacifiant le pays, ils y accourront en foule, et la métropole trouvera dans ses exportations pour Alger le dédommagement de celles qu'elle ne pourrait plus diriger ailleurs.

Dans cinq ans, on retirerait en outre de l'Algérie, le produit, alors considérable, des douanes et impôts indirects, les impositions payées par les colons européens et les redevances des tribus. Les droits de douane et de navigation resteraient seuls à la charge des Européens et des négociants indigènes, et on aurait soin de n'exiger, pendant long-temps encore, des Arabes de l'intérieur, que les tributs qu'ils ont payés de tous temps aux beys du pays. Il est donc permis d'affirmer, quand on connaît le sol, la fertilité, et les productions de l'Algérie, que le remboursement des avances faites par la France ne serait pas aussi éloigné que quelques personnes pensent ou feignent de le croire.

### ARTICLE DEUXIÈME.

Le gouvernement doit-il, peut-il agir seul dans la colonisation de l'Algérie ?

Sans doute le gouvernement a besoin d'être secondé dans la grande entreprise de la colonisation de l'Algérie, et puisqu'on cite si souvent l'Angleterre quand il est question de colonies, il nous sera aussi permis, certainement, de parler du patriotisme Anglais.

Dans les vastes établissements de la Sénégambie, de Sierra-Léone, et du Cap de Bonne-Espérance, que nous prenons pour exemple, au milieu du nombre infini des colonies anglaises, c'est la compagnie d'Afrique qui verse ses fonds, mais quelque riches que soient ses membres, il lui aurait été impossible de fonder tant d'établissements à la fois, si elle n'avait été puissamment secondée par une association patriotique, et *celles-là du moins sont utiles.* La société africaine contribue par de grands capitaux à l'exploitation des terres qui promettent le plus de bénéfice à la Grande-Bretagne. Elle envoie à ses frais des voyageurs pour explorer, au-devant des colons, les contrées où il conviendrait de s'établir, et comme ce n'est point en guerroyant sans cesse que l'on parvient à coloniser, ils cherchent d'abord à négocier avec les chefs indigènes, leur font de riches présents et aplanissent les difficultés qui pourraient s'élever. Pourquoi donc ne se formerait-il pas aussi une société africaine en France, et dans laquelle afflueraient, à coup sûr, nos capitalistes et négociants du midi?....

On a beaucoup écrit en France, relativement aux compagnies privilégiées ; sont-elles utiles, sont-elles compatibles avec un gouvernement représentatif? Le pour et le contre ont été soutenus par des hommes d'un mérite supérieur et entre lesquels nous ne saurions prononcer.

En thèse générale, la liberté absolue dans l'état social est un être de raison. Les hommes ne peuvent vivre en commun qu'en sacrifiant une partie de leur indépendance. Le fier Camanche obéit à un chef dans les savanes du nouveau Mexique et de la Californie. Le Tartare vagabond respecte ses lois prohibitives sur le plateau de l'Asie centrale, et les fanatiques Bédouins, comme les K'bayles de l'Atlas, exécutent aveuglément les ordres de leurs marabouts. Il est positif que plus une nation se civilise, et plus l'individu perd de ses droits naturels en faveur de la société. Il n'est pas moins certain, en principe, qu'il dépend des membres d'une corporation de se priver, en faveur de la communauté, d'un bien dont la nature leur adjugea la jouissance; il suffit que le plus grand nombre s'y soumette, les autres doivent y souscrire ou aller vivre ailleurs. Ce que pourrait faire la nation française si elle était appelée à délibérer sur cette question : Y aura-t-il ou non une compagnie privilégiée pour l'exploitation du territoire algérien? la Chambre des Pairs et la Chambre des Députés ont le droit de le prescrire par un projet de loi, s'ils jugent l'exception plus utile que le principe. Sous ce dernier rapport, l'autorité de l'exemple doit puissamment influer sur la détermination.

L'Angleterre, notre aînée en fait de liberté, a créé quatre compagnies privilégiées qui sont les colonnes de sa puissance. Tout le monde connaît la compagnie des Indes et son immense développement; elle a donné au commerce national une impulsion et une étendue qui semblent avoir atteint leur plus haut période. Combien de débouchés nouveaux la Grande-Bretagne ne doit-elle pas à son infatigable activité?.... Elle a augmenté la marine et perfectionné la navigation. Dans les guerres que l'Angleterre a eu à soutenir, les vaisseaux de la compagnie sont venus grossir la marine royale et s'associer à ses triomphes. Des bouches du Gange à celles de l'Indus, du cap Comorin aux Alpes du Boutan et du Thibet, elle a élevé un empire colossal, au centre et aux extrémités duquel elle ne souffre que des états tributaires ou des souverains humiliés. La compagnie des Indes, enfin, a importé depuis cinquante ans pour près de trois milliards dans la métropole. Sa marine se compose de cent trente-sept vaisseaux de 600 à 1,200 tonneaux. Ces bâtiments, divisés en trois classes, peuvent au besoin être transformés en corvettes, frégates et vaisseaux de ligne; huit mille matelots parfaitement exercés en forment les équipages.

La compagnie d'Afrique a déboursé, dès son début sur le territoire de la Sénégambie et à Sierra-Léone, en frais de colonisation seulement, la somme de 3,434,876 fr. Ses avances ont été calculées sur une bien plus large échelle dans la colonie du cap de Bonne-Espérance; mais plus mystérieuse encore que sa sœur des Indes, la compagnie d'Afrique s'enveloppe d'un voile si épais qu'il n'est pas aisé de le soulever pour juger de ses œuvres; la colonie du Cap est un enfant qu'on élève à petit bruit, et auquel on donne l'éducation de sa sœur aînée, pour lui succéder en cas de mort, que divers pronostics font pressentir.

Les compagnies d'Hudson et du nord-ouest, après avoir été long-temps rivales, mais au profit de la métropole, ont poussé leurs intrépides chasseurs jusqu'aux bords du grand océan Pacifique boréal et à ceux de la mer polaire, et ils sont toujours revenus de ces courses lointaines, chargés de fourrures d'une incroyable valeur. Il demeure prouvé aujourd'hui que la plus productive des colonies de l'Angleterre est dans les immenses forêts de l'Amérique septentrionale, et il n'est donné qu'à des compagnies de l'exploiter avec succès.

Jamais les efforts du commerce individuel, quelque

actif, quelque favorisé qu'on le suppose, n'aurait élevé la Grande-Bretagne au-dessus de toutes les nations sous le rapport du commerce; elle doit toute sa gloire, toutes ses richesses, il faut bien l'avouer, à une loi d'exception.

Si nos législateurs jugent que la liberté et la concurrence sont préférables dans les intérêts du commerce; si à leurs yeux nos lois, notre politique et nos mœurs s'opposent formellement au système des compagnies, ils jugeront probablement que rien n'empêche l'organisation d'une société d'encouragement pour l'Afrique. Talents, industrie, activité, fortune, amour de la patrie, nous avons tout pour la former; il ne s'agit que d'assortir, de réunir, de coordonner ces précieux éléments, et de leur donner la première impulsion. Il arrive souvent des colonies des rapports si passionnés, si contradictoires, que le gouvernement perd la trace de la vérité; il flotte incertain, ne prend aucun parti, et laisse aux abus le temps de s'enraciner. La société d'encouragement dont nous proposons la création ne souffrirait point qu'une vile cupidité s'emparât du fruit de ses sacrifices; elle saurait, par des agents intéressés, éclairés et fidèles, si l'administration est intelligente, intègre, active, et si elle prend ou néglige les vrais moyens de faire prospérer nos colons. Les rapports émanés d'une société si respectable prévaudraient toujours sur les allégations souvent suspectes d'un administrateur intéressé à tromper, et spécialement sur les protections de la bureaucratie, toujours plus puissante que le ministre.

La colonisation de l'Algérie présente donc de grandes difficultés, et elle nécessite positivement de nouveaux sacrifices. Nous les avons évalués au plus bas; mais à ceux qui reculeraient devant ces avances, nous rappellerons qu'en 1789 la colonie de Saint-Domingue produisit au-delà de 190 millions. Le commerce d'importation et d'exportation fit mouvoir en productions et marchandises plus de 600 millions de valeurs. Les partisans de la colonisation peuvent arguer de ce fait avec avantage; l'Algérie peut remplacer Saint-Domingue : et, pour arriver à ce grand résultat, la France n'a qu'à vouloir franchement, car les demi-mesures n'aboutiront à rien.

Pendant que nous écrivons sur la régence d'Alger, la Société de colonisation de New-York achève le monument qu'elle a élevé à la philantropie sur les côtes occidentales de l'Afrique. L'établissement qu'elle a nommé *Libéria*, Libérie, fait de rapides progrès. La Société y transporte à ses frais les nouveaux colons et les noirs affranchis qui n'ont point de propriétés sur le territoire de l'Union; elle reporte aux lieux qui les ont vus naître ceux qu'un trafic honteux en avait arrachés pour les plonger dans l'esclavage. En les rendant à l'Afrique, l'Union américaine se pique de les y laisser heureux dans des établissements où elle a soin de réunir tout ce qui est nécessaire à l'exploitation des terres. Ce sont aussi des sacrifices. On fait construire une maison pour chaque famille, et on y annexe un espace de terrain convenable pour le nombre de la famille; mais une mesure excellente est que le nouveau colon n'acquiert définitivement la propriété de l'habitation et du terrain que quand il a bâti une maison pareille et cultivé le même espace de terres pour une famille à venir. Il résulte de cette sage et prévoyante mesure que le premier capital déboursé par la société de colonisation sera toujours suffisant pour augmenter et étendre cette colonisation. L'instruction élémentaire est confiée aux ministres de la religion évangélique, de cette religion chrétienne qui, bien observée, rendrait inutile sur la terre les armées, les juges, les prisons et les bourreaux ; elle remplacerait tout, mais rien ne peut la remplacer. Les mesures hygiéniques ont été prescrites par des ordonnances sévères, et elles se rapportent parfaitement à celles que nous avons conseillées aux nouveaux colons de l'Algérie.

Il est certain, en dernière analyse, que, si la France est appelée à faire de grands sacrifices pour coloniser la régence d'Alger, il est tout aussi positif qu'elle en retirera plus tard, mais plus incessamment qu'on ne le pense, d'immenses avantages.

# CHAPITRE VIII.

## ARTICLE PREMIER.

Quel est le régime que l'on doit appliquer à la nouvelle possession ? quelle latitude de pouvoirs extraordinaires doit-on accorder à l'administrateur en chef ?

TELLE est la troisième question qui a été faite publiquement par la voie de la presse, question qui nous a suggéré l'idée d'essayer d'y répondre, puisque, ayant étudié les hommes et les choses sur les lieux, nous pouvions émettre librement notre opinion, sans avoir le ridicule amour-propre de la donner comme infaillible. Cette dernière question est toute vitale, car du régime auquel sera soumise la nouvelle possession dépend son existence actuelle et tout son avenir comme colonie. Nous n'avons pas dissimulé les graves difficultés que présente la colonisation de l'Algérie, et combien d'oppositions diverses nous avons encore à craindre.

Il est bien établi, dans notre opinion du moins, que, si on se décide pour la colonisation d'Alger, il faut avant tout y transporter une population agricole. Nous sommes fâchés d'être en contradiction avec certains observateurs qui ont écrit sur Alger; mais nous croyons être vrai en disant qu'on ne doit pas compter sur les Arabes pour les cultures, et que nos établissements coloniaux n'offriront de sécurité aux Européens qu'autant qu'on aura désarmé ou refoulé les K'bayles au-delà de l'Atlas, soit en vertu de traités faits avec eux, soit par la force. On nous opposera l'exemple de Bône, nous le prévoyons bien; mais il faudrait d'abord placer un général d'Uzer sur chaque point de la régence, ce qui n'est pas facile, et puis, nous l'avons dit, les tribus qui entourent cette ville sont salariées par nous, et chaque Arabe des tribus de *Karezzas* et de *Beni-Urgin* reçoit un salaire de 60 centimes par jour en restant sous sa tente, et d'un boudjos ou 36 sous lorsqu'il monte à cheval comme spahis. On conçoit aisément qu'il serait trop onéreux d'en agir ainsi avec les nombreuses tribus de l'intérieur. On ne sait pas d'une manière certaine ce que feraient ces Arabes, si on cessait de les solder; mais comme les habitants de cette partie de la province de Constantine ont eu de tous les temps des relations suivies avec les Français qui occupaient la Calle et le bastion de France, il y a tout lieu d'espérer qu'elles ne s'éloigneraient pas.

Or, si pour coloniser il est nécessaire d'importer une population agricole dans la régence, il est indispensable de la bien gouverner, dans son intérêt comme dans celui de la métropole. Nous ne nous permettrons aucune réflexion sur la manière dont on a agi jusqu'à ce jour; mais il est constant qu'il faut changer entièrement de système. Certainement, toute la population indigène ne reculera pas en masse devant notre civilisation, et les Maures qui habitent les villes se soumettront avec le temps à la domination française ; ils le feront même avec d'autant plus de promptitude qu'ils trouveront des avantages immédiats à agir ainsi ; mais, pour amalgamer les Arabes, les K'bayles, les Turks, les Maures et les Chrétiens, c'est-à-dire les vainqueurs et les vaincus, il faut gouverner avec justice et impartialité, il faut respecter la religion, les mœurs, les usages et les femmes des musulmans. A-t-on suivi cette marche ? A-t-on respecté les mosquées ? Les revenus de la Mekke et Médinah sont-ils demeurés intacts ? Les tombeaux, les marabouts, les cimetières ont-ils été respectés ? Et la grave accusation d'avoir laissé exporter des ossements humains pour les fabriques de noir animal de Marseille serait-elle fondée ? Nous ne répondrons à aucune de ces questions ; il faut, néanmoins, que tout ne se soit pas passé bien régulièrement, puisque notre position n'est plus la même en Algérie qu'elle était il y a trois ans. Les prêtres de Mahomet ont prêché une croisade religieuse contre nous, ils ont exaspéré les vrais croyants, ils nous accusent de n'avoir rien concédé, de n'avoir rien respecté, et la vengeance et la haine les animent aujourd'hui contre nous. La nouvelle administration aura donc une tâche difficile à remplir, et des fautes à réparer : son impartialité, sa justice sévère et sa clémence feront le reste.

Si la colonisation de l'Algérie est décrétée par une loi, le premier acte du gouvernement sera sans doute de déclarer que l'ex-régence d'Alger formera à l'avenir un gouvernement général ; dans une autre hypothèse, on déclarera que l'Algérie fait partie intégrante de la France ; et qu'elle est divisée en trois départements. Alors elle ne serait plus dans les attributions d'un seul ministère, et chaque ministre concourrait pour sa part à faire naître la prospé-

rité dans notre nouvel établissement. On ferait cesser l'é-
tat de fluctuation, d'incertitude et de contradiction qui
maintient ce pays dans l'état de marasme contre lequel
il lutte vainement depuis plus de trois ans. Il ne faut
pas oublier, toutefois, que notre nouvelle acquisition se
présente avec une physionomie spéciale, des intérêts
nouveaux, des besoins différents, et qu'il faut d'habiles
médecins pour guérir les plaies profondes que nous lui
avons faites.

En décrétant que la régence d'Alger fait partie intégrante du territoire français, on éviterait une grande partie des inconvénients qui existent toujours dans les gouvernements généraux; mais, d'après ce que nous avons dit
dans le chapitre précédent, il y aurait une foule d'administrations inutiles, au moins pendant long-temps encore,
car nous sommes intimement convaincu que les contributions directes, les douanes et les contributions indirectes
ne doivent pas être installées dans la régence tant que la
colonie sera dans son berceau. Il est cependant d'autres
institutions que la nécessité la plus absolue réclame impérieusement; dans le nombre nous placerons en première ligne, la justice, l'administration municipale et la
police. Avec un gouvernement purement militaire il ne
saurait y avoir de colonisation possible, car les colons ne
trouveraient pas toujours sous ce régime, qui est quelquefois tant soit peu arbitraire par nécessité, les garanties que
la loi leur accorde : et il ne saurait être indifférent ni pour
eux, ni pour les négociants, de voir les procédures civiles
et commerciales portées devant les tribunaux militaires,
qui ne sauraient en connaître. L'établissement de la justice française est donc une mesure immédiate, car partout où les hommes vivent en société, il s'élève des débats;

il se commet des actes qui entraînent à leur suite des procès qu'il faut juger; du moment qu'une population est agglomérée sur un même point, il se présente des délits, des crimes même, dont l'intérêt de l'ordre social demande la punition.

Si les juges de paix, les tribunaux de commerce, et ceux de justice civile sont indispensables, certainement les tribunaux de police correctionnelle et de justice criminelle ne le seront pas moins dans une colonie naissante, où doivent nécessairement affluer une foule de gens sans aveu et de chevaliers d'industrie de tous les pays, surtout lorsque cette colonie voit arriver dans son sein le rebut de la population de Malte, de Naples et des contrées méridionales de l'Europe.

Cette justice doit avoir une organisation toute judiciaire et non administrative, ses magistrats devraient être libres, inamovibles et indépendants; le sont-ils à Alger?

Ce principe admis, il serait utile d'instituer trois tribunaux de première instance, le premier à Alger, le deuxième à Bône, le troisième à Oran, et une cour royale à Alger, afin d'y porter les appels. La cour de cassation prononcerait sur les pourvois formés contre les arrêts de la cour royale d'Alger.

Nous ne parlons pas de la justice indigène, parce qu'il serait subversif du bon sens d'imaginer qu'on puisse soumettre les musulmans aux mêmes juridictions que les chrétiens; ce n'est qu'en respectant les lois, les mœurs et les usages des peuples de l'Algérie qu'il sera possible de la coloniser. Nous l'avons déja dit, et nous le répétons spécialement pour la justice, dans un pays où le dogme religieux est aussi la base du droit et la législation positive: Mais si la conviction entre dans l'esprit des Maures;

si, reconnaissant enfin la supériorité de notre justice et celle de nos lois, ils venaient un jour à les invoquer, il faudrait, comme l'a judicieusement proposé l'ancien juge royal d'Oran, leur laisser la faculté de recourir en appel devant la cour royale d'Alger. En attendant que le temps ait effacé les fautes que nous avons commises dans la régence, et qu'une fusion, rendue bien difficile aujourd'hui, se soit enfin opérée, les causes entre chrétiens doivent être portées devant la justice française; la justice maure doit être rendue par les *ulèmas, muphtis* et *kadis*, et les rabbins doivent prononcer dans les différends qui peuvent exister entre les Israélites, ayant soin toutefois d'appeler devant les tribunaux français toute procédure dans laquelle se trouverait intéressé un chrétien.

La nécessité des administrations municipales n'a pas besoin d'être développée pour être appréciée. La police générale vient en troisième ligne dans le nombre des administrations qu'il est urgent de conserver; car pendant bien long-temps encore elle sera en Algérie de la plus haute importance, et cela se conçoit aisément. Un commissaire-général à Alger, et deux commissaires spéciaux à Bône et à Oran, seraient indispensables, et, placés sous la direction spéciale du gouverneur-général, qui doit nécessairement avoir la haute police dans ses attributions, ils rendraient de grands services.

Si l'organisation de la justice, si l'établissement de l'administration municipale, de la direction des domaines, et de la police générale, sont des éléments indispensables et de première nécessité dans notre nouvelle possession, il faut nécessairement un chef de l'administration civile correspondant avec les divers ministères dans chaque arrondissement : et en ce cas pourquoi ne pas leur laisser

tout simplement la dénomination de préfet d'Alger, préfet
de Bône, et de préfet d'Oran? La centralisation à Alger
dans cette position est chose parfaitement inutile, puisque les communications sont aussi promptes entre Bône
et Toulon qu'entre Bône et Alger, et qu'on communique
aussi vite d'Oran avec la France que d'Oran avec Alger,
quoique la distance soit moindre. Quant à l'administration
civile, il nous semble qu'il y a assez d'une centralisation,
et que celle de Paris, sous tous les rapports, est préférable à toute autre.

Si au contraire on veut faire un gouvernement général de notre nouvelle possession, il faut imiter les Anglais
si experts en fait de colonisation, et établir, comme eux,
une administration coloniale, dont les membres devront
rester en place pendant sept ou même dix ans, à moins
de prévarication ou de concussion. L'instabilité tue les
colonies, car la tradition des bonnes choses, l'expérience
et le témoignage des faits accomplis, ne se remplacent
point par des intrigues de bureaux qui ont presque toujours pour but de favoriser des protégés qui bien souvent sont entièrement incapables; nous pourrions le prouver d'une manière péremptoire en ce qui touche l'Algérie,
mais nous sortirions de notre plan; et nous nous bornerons
à dire sans détour que c'est à la stabilité des institutions
et de l'administration, à celle des hommes et des choses,
que la Grande-Bretagne doit la brillante prospérité de ses
nombreuses colonies.

Lorsqu'il est question d'envoyer outre mer un administrateur, on examine à Londres si l'homme convient à
la colonie : ailleurs, si la colonie convient à l'homme.
Vaque-t-il un de ces emplois? mille prétendants mettent
en campagne leurs protecteurs. On balance long-temps ses

titres : enfin le choix est fait; tout le monde s'en étonne, *il fallait un calculateur, ce fut un danseur qui l'obtint.*

Si la loi déclare que la régence d'Alger formera à l'avenir un gouvernement général dépendant de la France, il faut nécessairement nommer un gouverneur-général et lui accorder une grande latitude de pouvoirs, car pour faire le bien il faut qu'il soit fort et qu'il n'ait pas besoin, en cas d'urgence, d'attendre des instructions de Paris. L'Angleterre, qu'il faut toujours citer quand on parle de système colonial, accorde aux gouverneurs-généraux une telle puissance d'action, qu'ils se trouvent placés de fait dans la même catégorie que les anciens vice-rois du Pérou et du Mexique. Et ce n'est que pour des causes très graves que ces hauts fonctionnaires peuvent être remplacés. La longue durée des administrations de lord Cornwallis, du marquis de Hastings, et de lord William Bentinck dans l'Inde, prouve catégoriquement la vérité du principe que nous avons posé plus haut, que la prospérité des colonies est le résultat essentiel de la stabilité des hommes et des choses.

Puisque d'après la charte nos colonies doivent être régies par des lois particulières et spéciales, il serait facile de régler les attributions et l'étendue du pouvoir du gouverneur-général de l'Algérie. Une aussi vaste colonie semble nécessiter, surtout dès le principe de son organisation, l'emploi de certaines mesures exceptionnelles qui ne sont point en harmonie avec nos lois.

Le gouverneur-général aura sans doute auprès de lui un conseil supérieur colonial, afin de s'éclairer par la discussion dans les affaires d'une haute importance ; et comme ses attributions seront clairement établies dans le

code particulier que réclame l'établissement de la colonie, nul abus de pouvoirs, nulle vexation d'aucun
genre ne seront à redouter. En créant à Londres le *Board
of the control* ou bureau du contrôle de l'Inde, le gouvernement anglais a forcé l'administration de ses vastes
possessions d'Asie à ne pas franchir les limites du droit,
et à marcher constamment vers le point culminant de la
prospérité. C'est principalement sous la présidence de
l'honorable sir Georges Canning, que le bureau du contrôle de l'Inde a signalé son importance et son utilité. Si
le gouvernement français adopte donc l'opinion qu'il est
plus avantageux de faire un gouvernement général de la
régence d'Alger, que de la réunir purement et simplement à la France, la création d'un bureau du contrôle
d'Afrique, établi à Paris, deviendra le corollaire oglibé
de cette première détermination.

Ce gouverneur-général sera-t-il pris dans l'armée ;
ou dans les fonctionnaires civils d'un rang élevé ? Cette
question est trop grave, et beaucoup trop difficile à résoudre pour essayer d'y répondre.

Il ne peut exister deux pouvoirs rivaux dans la colonie
sans y introduire des divisions, ensuite la discorde, et pour
dernier résultat la désorganisation. L'exemple vient à l'appui de notre opinion.

Sous le pouvoir militaire seul et sans contrôle, il ne
saurait y avoir de colonisation possible. Cette vérité pourra
bien ne pas plaire à tout le monde, ce qui n'empêchera
pas, néanmoins, qu'elle ne soit une vérité fondamentale.
Il est donc fort inutile de la développer.

Un gouverneur-général civil, serait, à coup sûr, la
base fondamentale d'une bonne colonisation; mais que
ferait-il sans l'armée ? Il ne serait pas libre d'indiquer sur

quel point il faudrait diriger les troupes qui sont appelées à protéger les colons, car il n'aurait aucune action sur cette armée.

Le régime civil pondéré dans toutes ses parties est régi par des lois fixes ; la légalité dont il ne peut sortir est dans son essence.

Le régime militaire penche nécessairement vers l'arbitraire, ainsi l'exige sa nature ; dans un pays conquis il ne peut se soutenir qu'avec des ordonnances exceptionnelles et par des ordres du jour qui sortent souvent de la légalité.

Mettre ces deux pouvoirs sur un pied d'égalité de puissance dans la colonie, serait une aberration dangereuse ; car alors même que ces deux hauts fonctionnaires seraient frères, ils ne manqueraient pas d'être bientôt divisés dans leurs opinions, et la colonie, dans son enfance, périrait à l'ombre de ces discussions intestines.

Pour faire prospérer la colonisation, il faut en Algérie une administration civile; c'est un fait clair et précis.

Pour protéger la colonie et les colons, une armée est positivement nécessaire, car, nous le répèterons jusqu'à satiété, il n'y a pas, il n'y aura jamais de paix solide avec les Arabes de l'intérieur, et c'est une brillante et philantropique utopie, que de rêver la civilisation des peuples de l'Atlas; nous n'avons pas même l'espérance de pouvoir les engager à se retirer au-delà de ces montagnes, comme les Creeks, les Séminoles, les Chactas et les Narcotahs, qui ont consenti par des traités avec les États-Unis, à transporter leurs pénates sur la rive occidentale du Mississipi.

## ARTICLE DEUXIÈME.

Est-il convenable de faire précéder le nouveau mode de gouvernement d'une enquête sévère sur le passé?

Telle est la dernière phrase de la troisième question posée.

Sans contredit, tous ceux qui ont la conscience nette de ce qui s'est passé en Algérie depuis la conquête doivent désirer avec ardeur qu'on éclaircisse les faits, car chacun, en face de graves accusations, doit répondre de ses œuvres, et s'il y a eu des spoliations, des injustices, des cruautés commises et des méfaits de tous genres, ils doivent retomber avec tout le poids de la vindicte publique sur ceux-là seuls qui s'en sont rendus coupables.

L'Europe entière connaît les accusations, et des dénégations vagues et inaperçues ne sauraient les détruire. Une enquête sévère ne saurait donc être repoussée que par ceux qui ont à la redouter. Des Anglais, des Espagnols, des Américains, des Italiens et des consuls de toutes les nations ont assisté à tous les actes qui se sont passés depuis près de quatre ans dans la régence ; des accusations, vraies ou fausses, ont été répandues dans le public, et reproduites par la presse de tous les pays. L'ouvrage de M. le conseiller-d'état baron Pichon, celui qui a pour titre *Aperçu historique et statistique sur la régence d'Alger*, par Sidy-Hamdan ben Othman-Khoja, et les nombreux écrits de M. Cappé, avocat et juge royal démissionnaire à Oran, ont appris des faits qui méritent d'être approfondis, afin de savoir s'ils sont véridiques, ou s'ils ne sont que les assertions erronées d'une insigne mauvaise foi. Nous ne rétablirons pas ces faits, ils n'ont déjà que trop de publicité dans l'hypothèse où ils seraient vrais; et s'ils ne le sont pas, ce serait nous rendre le fidèle écho de clameurs calomniatrices, ce qui est loin de notre pensée. Quel serait le militaire plein d'honneur, le fonctionnaire juste et probe, le magistrat intègre qui, après avoir habité et rempli des fonctions honorables en Algérie, viendrait s'opposer à une scrupuleuse investigation des faits dénoncés publiquement à la France et à la barre de l'humanité?

Mais il est des fautes qui peuvent être signalées, parce que nous le faisons avec modération; nous n'accusons personne, car ce que nous regardons, nous, comme nuisible, peut avoir été jugé utile et nécessaire par l'autorité qui a ordonné.

1° C'est une faute à nos yeux que de s'être emparé des dotations pieuses, des biens des mosquées et des revenus de la Mekke et Médina, parce que le faible revenu qu'on en a retiré ne saurait compenser le mal infini qui en a été le résultat. Était-ce bien à un peuple à demi barbare à nous faire observer publiquement que ces biens avaient été consacrés par des legs pieux à l'entretien du culte et des lieux saints, à celui des pauvres, des veuves et des orphelins, et que par conséquent ils devaient être respectés?.... Cette mesure a été exécutée à Bône comme à Oran, parce qu'elle émanait d'Alger. Qu'avons-nous fait, en échange, pour le clergé musulman et pour les pauvres? A Bône? rien! Le budget municipal ne parlait ni des mosquées, ni des imans, ni des pauvres; mais le général d'Uzer, toujours prompt à faire le bien, prit sur lui de faire délivrer aux pauvres, par les soins du commissaire du roi près la mairie, la quantité de quatre-vingts rations de pain par jour, et il fit, de ses deniers, l'avance d'une somme mensuelle de 85 francs, pour payer le kadi et le clergé musulman de la ville de Bône, somme qui lui a été allouée six mois après, quand le gouvernement français a été instruit de cet état de choses. Un clergé ainsi rétribué, lorsque nous affermons toutes ses propriétés pour le compte du domaine, ne sera pas, certainement, bien à charge à l'état. Nous lui avons, au reste, laissé *une* des huit mosquées qu'il desservait à Bône, mais je dois à la vérité de déclarer que nous avons été forcés d'agir ainsi par la rigueur des circonstances, et que la mosquée qu'il possède est suffisante pour la population musulmane qui est restée parmi nous.

2° C'est une faute d'avoir attendu jusqu'à ce jour pour régler l'indemnité légitimement due aux propriétaires des maisons dont on s'est emparé pour le service public, et de celles qui ont été démolies pour rectifier des alignements, percer des rues, ou faire des places publiques. Cet acte est spécialement réclamé par une rigoureuse justice, car si la population d'Alger peut s'étayer de la capitulation faite avec le maréchal Bourmont pour en réclamer l'exécution, celle d'Oran peut arguer de sa soumission volontaire, et les malheureux habitants de Bône ne manquent pas de faire valoir que les Arabes d'Achmed-Bey. après avoir pillé et incendié leurs habitations, ne les ont emmenés en captivité qu'à raison de ce qu'ils étaient accusés de désirer l'arrivée des Français. On eût épargné plus d'un million, si on eût réglé dès le principe cette indemnité à Alger, et également plusieurs centaines de mille francs à Bône, si on eût réglé avec les propriétaires ou leurs ayant-cause, après la délimitation du casernement définitif, qui a absorbé un grand tiers de la ville. Ainsi le voulaient M. le général d'Uzer et M. le général baron de Montfort, inspecteur du génie; par quelle fatalité n'ont-ils pas obtenu ce qu'ils réclamaient? A moins de se rendre coupable d'une spoliation évidente, il faut pourtant arriver à compter avec les propriétaires, et leurs prétentions sont nécessairement augmentées avec l'importance qu'ont acquise les propriétés dont on s'est emparé.

3° C'est une faute, d'avoir établi des droits de douane, des droits de navigation, des droits de toute nature enfin, dans une colonie naissante qui ne réclamait et qui ne réclame encore que des franchises. Nous l'avons suffisamment développée dans le cours de cet écrit, pour nous borner ici à la mentionner.

4° On considèrera comme des fautes d'un autre genre les expéditions inutiles et sans but que les corps de l'armée ont faites à différentes époques. Lorsqu'elles n'ont pas eu de suites fâcheuses, elles n'ont produit en dernière analyse aucun résultat, donc elles étaient inutiles : et lorsque nous avons été ramenés sous les blockausen d'Alger ou sous les murs d'Oran, nous avons fait comprendre aux Arabes que nous n'étions pas invincibles, comme ils le croyaient dans le principe. Ils ont eu le sentiment de leur force, sentiment qu'il est déplorable d'avoir fait naître chez un peuple aussi fanatique et brave jusqu'à la témérité.

5° Était-il bien utile, et surtout était-il opportun de s'emparer de Mostaghanem, lorsqu'une garnison turke l'occupait pour nous, et qu'elle y était à notre solde? Ne valait-il pas mieux renforcer ces Turks par de nouveaux Turks dévoués à nos intérêts, ou leur accorder de nouveaux avantages s'ils étaient mécontents, que d'effectuer par nous-mêmes une occupation qui nous est à charge dans l'état actuel des choses?

6° N'est-ce pas une grande faute que d'être allé s'emparer du petit port d'Arzew, où le maire venu d'Alger n'a pas un seul administré, et qu'est-il résulté de cette occupation? C'est que les blés et les grains de *Mascara* et de *Tagadempt* n'arrivent plus dans ce port, et que la population de marins qui l'habitaient ayant disparu, les productions de cette partie de la régence n'arrivent plus ni à Alger, ni à Oran.

7° Personne dans la régence ne peut se rendre compte des motifs qui ont pu déterminer l'expédition de Boujéia, elle nous a coûté la mort de plusieurs braves, beaucoup d'argent, et nous a confirmés dans l'opinion que nous nous étions faite de l'opiniâtreté des K'bayles qui peuplent les environs de Boujéia, quand ils veulent se défendre. La population de Boujéia était d'environ mille huit cents ames, il n'y reste pas une famille musulmane en ce moment; dans un rayon de deux lieues autour de la ville on ne voit pas un indigène; le marché est désert, et il n'y arrive aucune espèce de denrées; le parc de Bône a été obligé d'y expédier des bestiaux pour les besoins du corps d'armée de M. le général Trézel, et tous les objets de consommation doivent y arriver d'outre-mer; telle est notre position à Boujéia.

Quelques personnes ont prétendu que l'expédition de Boujéia avait été faite comme un précédent nécessaire de celle de Constantine; mais nous occupions déja Bône avec avantage, et il y a tout aussi loin de Boujéia à Constantine que de cette dernière ville à Bône! En nous servant d'une comparaison triviale, nous dirons que ce serait vouloir prendre le taureau par les cornes, que de marcher sur Constantine par la route de Boujéia, puisque, outre les difficultés que présentent les diverses ramifications de la chaîne du *Jurjura*, et un pays très boisé, il resterait encore à vaincre celles qu'opposeront indubitablement les tribus les plus opiniâtres et les plus belliqueuses de la régence. Les Turks, avant la conquête d'Alger, entretenaient à Boujéia une garnison de deux cents hommes qu'on relevait toujours par mer, afin d'éviter les engagements avec les nombreux K'bayles qui interceptaient les routes de l'intérieur.

Au moment où l'expédition de Boujéia a été ordonnée, cette ville, qui était considérée comme la capitale des Numides ou K'bayles, jouissait d'une parfaite indépendance, elle ne payait aucun tribut au bey de Constantine, et faisait un commerce très actif avec Bône et avec Alger, elle importait dans ces deux villes, de la cire, de l'huile, et surtout du bois de chauffage et de construction. Aujourd'hui toutes ces relations ont cessé, il n'y a plus ni commerce, ni navires, ni habitants indigènes à Boujéia. Sur ce point, comme sur tous les autres du littoral, il faudrait avoir le double de troupes pour pénétrer dans l'intérieur ; et si l'on voulait se rapprocher de Constantine, ou prendre un point de départ pour y arriver beaucoup plus promptement, c'était à Stora qu'on devait planter le premier jalon de cette expédition difficile ; il est vrai qu'il aurait fallu y construire une ville et un fort, ce qu'on aurait pu faire aisément, avec les millions qu'a employés l'expédition du général Trézel, et les trois millions au moins que coûtera annuellement l'occupation de Boujéia. La rade de Stora est aussi sûre que celle de *Mers-el-Kebir* à Oran, et que le port d'Arzew, le meilleur de l'Algérie, tandis que ceux d'*Alger*, de *Boujéia* et de *Bône*, ne sont pas tenables en certaines saisons.

Ces fautes que nous venons d'énumérer ne sont pas de celles qui puissent rentrer dans le domaine d'une enquête, parce que chacun est parfaitement libre de considérer les choses sous un point de vue différent. Elles sont fautes à nos yeux, voilà tout, et comme le plus grand jour les éclaire et qu'il n'y a rien d'occulte dans leur exécution, tout le monde est apte à étudier les positions, à vérifier les faits, et à émettre son avis.

# CHAPITRE IX.

La France peut-elle ou doit-elle évacuer l'Algérie?

Nous venons de raisonner dans l'hypothèse que la France conserverait l'Algérie, mais nous avons avancé que pour coloniser et civiliser ce beau pays, il fallait se résoudre à faire de nouveaux et grands sacrifices; dans le cas contraire, avons-nous ajouté, il serait plus utile de l'évacuer; il ne faut pas le dissimuler, cette idée révolte aujourd'hui l'orgueil national, elle est impopulaire à l'excès. On rappellera une partie de l'armée d'Afrique; on diminuera peut-être de quelques millions la masse des fonds consacrés à l'occupation; on évacuera certains points du territoire où l'on s'est établi sans nécessité et sans but, mais il ne faut pas s'y méprendre, ce système rétrograde conduira infailliblement à l'évacuation totale de la régence. Ce juste milieu demeurera sans effet, et toute la question se borne à *to be or not to be*, être ou n'être pas.

Quoique Napoléon sentît le prix des colonies, il affectait de dire, pour nous consoler de cette privation, que la France recèle en elle-même tous les principes de sa prospérité et de son bonheur. L'empereur avait parlé, la flatterie propagea ce préjugé que l'irréflexion et l'orgueil national admirent sans examen; nous avons voulu essayer de le détruire ou du moins de le combattre. Est-il suffisamment prouvé que sans un nouveau Saint-Domingue, une population surabondante, et par conséquent prolétaire et indomptable, troublera quelque jour le repos de notre patrie et celui de nos voisins? Est-on bien convaincu que sans des débouchés où puissent s'écouler nos produits industriels, un grand nombre d'artistes français seront forcés d'offrir leur génie et leurs bras aux étrangers? Ces artistes, ces manufacturiers, ces fabricants, savent produire et perfectionner; ils méritent la haute réputation qu'ils ont acquise en Europe, et lors des expositions du Louvre on a comblé d'éloges et décoré les auteurs les plus ingénieux. Faut-il s'en tenir là?... Mais l'exposition ne serait alors qu'une parade, un spectacle d'ostentation, un coup d'aiguillon impolitiquement donné à l'industrie étrangère. Ce ne sont pas des médailles que vous demandent les artistes, quoique très flattés de les avoir obtenues: ce qu'il leur faut surtout, ce sont des débouchés, des acheteurs ; qu'ils puissent vendre, et reposez-vous sur leur génie. Mais qui doit ouvrir ces débouchés? Le gouvernement seul en a les moyens, et loin de nous l'idée qu'il n'en ait pas la volonté. Il ne faut pas se flatter que ces produits, dont tous nos ateliers sont pleins, soient reçus et épuisés par les *vieilles* nations; chacune d'elles travaille à se suffire, à se passer de l'étranger, et à lui fournir plutôt qu'à recevoir de lui.

A-t-on conçu que l'abolition de la traite, dont l'Angleterre veut faire honneur à sa prétendue philantropie, n'a été imaginée dans le principe, et n'est si chaudement poursuivie par elle, que dans le dessein de ruiner nos établissements coloniaux et ceux qui lui sont à charge à elle-même; car elle ne s'en constituera pas moins, comme nous l'avons déjà dit, la fournisseuse de l'Europe? Ses vastes établissements de l'Inde n'ont pas besoin de nègres; la Nouvelle-Galles du sud est cultivée par des bras anglais; ses possessions de l'Afrique méridionale sont mises en culture par des colons et des indigènes; et dans ceux de la Sénégambie, ce sont les *nègres libérés* par les croiseurs anglais, qui travaillent les fertiles bords de la *Gambie,* du *Rio Grande,* de la *Sierra Léone,* et l'île de *Fernando Po* devenue aujourd'hui d'une si haute importance pour le commerce britannique. Sommes-nous enfin parvenus à établir que si la France ne se hâte, comme la Grande-Bretagne, de mettre en valeur outre mer des terres que puissent aussi cultiver des *nègres libérés,* des indigènes ou nos propres colons, le numéraire français échangé contre des denrées coloniales, qu'on nous vendra fort cher, ne reparaîtra plus? Si notre conviction est partagée par les hommes d'état qui dirigent la politique de la France, ils calculeront les charges et les avantages que nécessite et que promet la colonisation de l'Algérie. Ayant réuni dans ce paragraphe ce que nous avions déjà dit dans les chapitres qui précèdent, pour prouver qu'il est indispensable de coloniser, nous devons faire quelques observations qui peuvent être utiles, dans le cas ou par faute d'une allocation suffisante de fonds, on se verrait obligé de renoncer à l'Algérie.

Il semble de toute nécessité, n'importe la décision qui

sera prise, de conserver la ville d'Oran, ses forts et celui de *Mers el Kebir*. Comme point militaire, Oran est d'une haute importance; placée, pour ainsi dire, en face de Gibraltar, cette ville présente de grands avantages à la puissance qui saura s'y maintenir. L'Espagne tirait d'Oran une grande quantité de grains et de bestiaux, elle y avait une nombreuse garnison, et entretenait les fortifications en très bon état. Ce fut à l'insu de S. M. C., que le prince de la Paix donna l'ordre d'évacuer Oran. Un de ces tremblements de terre qui sont si fréquents en Algérie, ayant ruiné une partie des forts et renversé les églises et les magasins, le ministre espagnol recula devant les frais que nécessitaient de semblables réédifications, et l'évacuation fut décidée. Cependant l'archevêque et le chapitre de Tolède, offrirent directement à Charles III, et à certaines conditions, de faire relever à leurs frais les ruines d'Oran. Le roi, ayant accepté ces offres avec la plus vive satisfaction, s'empressa d'en faire part à don Manuel Godoy, *prince de la Paix*; mais ce ministre tout puissant répondit froidement à son souverain qu'il était trop tard, et que l'ordre d'évacuer avait déjà reçu un commencement d'exécution; le favori avait agi en maître. Ce ne fut donc qu'en 1790, que le bey *Kara Mehemmed* prit possession d'Oran. Cette ville est essentiellement commerçante, elle est l'entrepôt des grains et denrées de *Trémescen*, de *Tagadempt* et de *Maasker* ou *Maskara*, où aboutit tout le commerce des *Beni Mezabes*. Maskara est une ville riche, qui a toujours été la résidence des beys pendant l'occupation d'Oran par les Espagnols. Il serait possible, en conservant cette dernière ville, d'établir des relations commerciales avec *Ismaël*, scheik des *Douaires*, et même avec *Abdel Kader*, qui occupe Maskara. Il y a tout lieu de croire que, malgré leur fanatique bravoure, les *Garrabas* ne viendront pas insulter les remparts d'Oran.

En se renfermant strictement dans les fortifications, on atteindra un but commercial et politique tout à la fois ; car il faut en convenir, parce que c'est la vérité, c'est le point de la régence sur lequel la colonisation offre le moins de chances de succès. Un terrain sec et aride entoure la ville d'Oran, et pour arriver aux riches plaines de *Tagadempt* et de *Trémescen*, il faudrait livrer plus d'un combat à des tribus indomptées et féroces, et les forces françaises, qui jusqu'à ce jour ont été entretenues sur ce point, sont à coup sûr insuffisantes. En conservant Oran, sans pousser plus loin la conquête, on pourrait réduire la garnison à deux mille hommes, ce qui diminuerait les dépenses, et un maire serait la seule autorité civile nécessaire, en lui accordant les mêmes attributions que celles dont jouissent nos consuls dans le Levant. Oran ne pourra devenir un point important pour le commerce, qu'autant que le fisc l'évacuera complètement, et que son port sera déclaré port franc. Tous les genres de liberté devraient y être proclamés à la fois.

Dans cette hypothèse, on sera forcé d'évacuer *Arzew* et *Mostaghanem*, qu'on n'eût jamais dû prendre, comme nous l'avons déjà fait observer, à moins que la colonisation n'eût été décidée d'avance. Que diront les musulmans de cette évacuation ?

Personne en France n'oserait proposer d'abandonner Alger et son territoire. Comme point militaire, Oran a peut-être plus d'importance, nous ne le nions pas, mais Alger demande une toute autre garnison, et par conséquent bien plus de frais. Alger est une grande ville, fort peuplée, et dans laquelle le commerce doit atteindre un haut degré de prospérité, si on cesse enfin de l'inquiéter, de le tourmenter, de le ruiner, au lieu de l'encourager; mais c'est précisément parce que la population y augmente chaque jour à vue d'œil, qu'il faut la protéger et la placer hors des atteintes d'un pouvoir arbitraire : on concevra donc aisément qu'il faut à Alger une garnison de dix mille hommes au moins, car une population de quarante à cinquante mille ames y compris l'armée ne peut pas être tenue en état de blocus par les *Hadjoutes* et les *K'bayles*; c'est-à-dire que l'occupation d'Alger nécessite celle d'un territoire assez étendu, et dont le gouvernement seul peut fixer les limites, d'après le budget qui lui sera accordé par les chambres, car ce sera toujours là le nerf de l'occupation ou de la colonisation, n'importe comment on voudra appeler cet essai. Nous pouvons dire cependant, que si on devait étendre les cultures jusqu'à Bélida et Colléah, au-delà de Bouffarik et de la Maison carrée, nos dix mille hommes suffiraient à peine, et en suivant ce plan de colonisation de la *Mitidja*, il vaudrait mieux rentrer dans le système de colonisation générale. En évacuant le beylick d'Oran, les Bédouins et K'bayles de cette partie de la régence ne manqueront pas de venir seconder les *Hadjoutes*, les *Béni Salah*, et autres tribus du *petit Atlas*, du *Jurjura* et de *Filessa* dans leurs entreprises mêmes contre les cultures de la banlieue, ou si l'on veut, du massif d'Alger. Si l'on se bornait à occuper la ville d'Alger et ce massif, on ne doit plus prononcer le mot colonisation, ce serait un établissement trop exigu, en conscience, pour mériter ce nom, qui signifie quelque chose, tandis que les cultures du massif d'Alger ne peuvent répondre à rien. Les récoltes de la *Mitidja* manquent souvent par l'effet des grandes sécheresses à la suite des

semences; les habitants de cette immense plaine sont
alors obligés de tirer leurs vivres de *Wager* et de *Mélianah*, et si l'on n'occupait ni *Bélida*, ni *Coléah*, toute
colonisation dans la *Mitidja* serait une chimère. Les Arabes ont, pour ainsi dire, abandonné la Mitidja, et la ville
de Bélida a deux fois été saccagée par nos troupes, malgré
les ordres des chefs; il est vrai que les cruautés commises
par les K'bayles et par les Bédouins, sur les chrétiens qui
ont le malheur de tomber en leur pouvoir, justifient assez
l'exaspération de nos soldats; c'est une guerre à mort qui
ne cessera que par la force, et comme l'a fort bien dit
M. le marquis de Sainte-Croix : « Les musulmans auxquels
« nous avons affaire sont patients : la tête ordinairement
« courbée sous le sabre du vainqueur, ils la relèvent, lors-
« qu'elle n'est pas abattue par l'infidèle, avec le sang-
« froid du fatalisme, et retrouvent à l'instant toute leur
« énergie; ils frappent alors leur ennemi. C'est ainsi que
« l'islamisme a façonné ses soldats. L'Arabe ne reconnaît
« pas cette générosité du vainqueur qui pardonne au
« vaincu sur le champ de bataille; il n'est généreux que
« sous sa tente. » M. le marquis de Sainte-Croix a parfaitement raison en parlant ainsi des peuples de l'Algérie;
mais il aurait dû ajouter qu'il serait d'une haute imprudence aujourd'hui, d'aller faire l'essai de cette générosité
sous la tente d'un Bédouin, même dans les tribus soumises
en apparence. Ce ne sera jamais avec de pareils voisins
que l'on pourra étendre les cultures au-delà du massif,
ou même dans le massif d'Alger, pas plus que dans la Mitidja, si l'on n'établit des postes permanents sur les points
indiqués par M. le maréchal Clauzel. Ce sera toujours un
abrégé de colonisation, une colonie en miniature, si l'on
veut, mais sans laquelle la possession d'Alger deviendrait

nécessairement onéreuse à la France. Il restera, dans l'un comme dans l'autre cas, une question délicate à décider, c'est de savoir jusqu'à quel point on pourra intéresser les Algériens à l'administration du pays, car il ne faut pas mettre en doute qu'ils lui seront hostiles, s'ils en sont entièrement exclus. L'immense personnel administratif, qui serait suffisant pour une vaste colonie, sera simplifié à Alger, diminué, sans contredit, de tous les fonctionnaires qui tiennent au fisc, car ce n'est qu'avec des franchises commerciales et un port franc, qu'Alger peut se relever de ses ruines, et sortir du chaos dans lequel nous avons plongé cette ville jadis si riche. On peut donc faire des économies sur ce chapitre, comme sur celui de l'armée.

Avant d'arriver à Bône, nous sommes forcés de passer devant Boujéia, et comme dans le système que nous développons en ce moment, on ne doit pas plus songer à l'expédition de *Constantine* qu'à celles de *Mascara* et de *Trémescen*, nous ne nous arrêterons à Boujéia, que pour prendre la garnison actuelle et la conduire à Bône, à moins qu'on ne juge nécessaire d'en occuper l'enceinte en la fortifiant; mais il faut avouer que ce serait encore un sacrifice en pure perte, puisque depuis plus de quatre mois que nous y sommes établis, *pas un Arabe* n'est encore venu à nous, et que sans la conquête de la régence tout entière, Boujéia sera toujours un poste dangereux, à charge, et qui ne peut présenter aucun avantage en compensation des frais que nécessiterait son occupation. Que serait en effet la possession d'un point isolé au milieu des peuplades les plus guerrières et les plus féroces de la régence? D'un autre côté si on évacue, croit-on que cet acte de faiblesse, aux yeux des musulmans, n'aura pas du retentissement dans les montagnes de *Stora*, du *Collo* et de *Gizery* ? Pense-t-on que les tribus des *Kajettas*, des *Senejas*, renforcées par les K'bayles du *Jurjura*, ne viendront pas grossir les hordes de *Ben-Yacoub*, et que cet opiniâtre Bédouin laissera prospérer et fructifier les cultures à Bône ?

Nous venons de dire *les cultures à Bône;* c'était faire pressentir que nous ne pouvons admettre, dans aucune hypothèse, que l'on puisse songer à abandonner Bône, à moins d'évacuer totalement la régence, ce qui serait le plus court et le plus sage parti aux yeux de bien des gens, et encore à ceux de certaines puissances. Gênes, Livourne, l'Espagne, la Sardaigne, Minorque, Malte, l'Italie et la Sicile, s'enrichissent aussi par la colonisation de l'Algérie. Les négociants de ces divers pays y auraient même afflué en bien plus grand nombre, de même que les habitants de la France méridionale, si un misérable intérêt de fiscalité locale ne leur eût opposé des sacrifices positifs en regard de bénéfices incertains.

Pendant près de trois siècles, la France a possédé le territoire qu'on nommait les concessions d'Afrique, et l'établissement que nous avions à la Calle de France étant aujourd'hui entièrement ruiné, c'est à Bône qu'il se trouve nécessairement transporté. Nous avons assez fait ressortir les avantages que le territoire qui environne Bône offre à une colonisation régulière, et il serait superflu de les détailler de nouveau; mais, après l'évacuation partielle ou l'abandon volontaire d'une partie de la régence, il n'en faut pas douter, Achmed, bey de Constantine, fera tous les efforts qui dépendront de lui pour nous obliger à abandonner également l'embouchure de la Seybouze. La France sera donc obligée d'entretenir à Bône une garnison de trois mille cinq cents hommes au moins, force que nous avons établie dans un des chapitres précédents, comme pouvant suffire pour protéger un essai de colonisation sur ce point. On pourrait dans cette position se conformer au plan sagement pondéré et suivi avec constance, zèle et succès, par le général Monck d'Uzer. En établissant un *blockhausen*, ou mieux encore une enceinte retranchée sur la Mafrag, en choisissant une élévation à raison de l'insalubrité des bords de cette rivière; en plaçant également un poste retranché à *Sidy-Damden*, marabout situé entre les terres des *Merdass* et celles des *Beni-Sallah*; en fortifiant enfin une troisième enceinte à la pointe du grand lac des *Sénéjas*, au-delà de la vallée des *Karezzas*, on parviendrait à assurer les cultures dans la grande plaine de la Seybouze et celle de la partie méridionale du lac; car il faut tenir les Bédouins insoumis à une grande distance, si l'on veut éviter qu'ils ne mettent le feu au pays, comme ils l'ont fait précisément sur ce point, et fort régulièrement, en 1832 et 1833. Voilà justement la raison qui devrait faire préférer des retranchements gazonnés aux *blockhausen* envoyés de France. On n'oubliera pas qu'à Bône, en 1833, le *blockhausen* de l'aqueduc se trouva placé au milieu d'un océan de feu, et qu'un caprice du vent fut seul en état de le préserver d'un inévitable incendie. A Bône, comme à Oran et à Alger, il sera dans le système d'une économie bien entendue de proportionner l'administration civile aux besoins d'une colonie exiguë.

On parlera peut-être en France de la possibilité de conclure un traité avec le bey de Constantine; mais en voyant le mouvement rétrograde s'opérer dans le beylick d'Oran, Achmed-Bey ne manquera pas d'élever ses prétentions, et de devenir encore moins souple qu'il ne l'était à l'époque où le général en chef duc de Rovigo avait ouvert une négociation avec lui par l'entremise de Sidi-Hamdan-Ben-Othman-Khoja. Nous pourrions aisément donner des détails sur la nature de ces négociations et les prétentions respectives des deux parties qui négociaient, mais ce serait entrer dans le système que nous avons voulu éviter de suivre, en nous abstenant de traiter des questions individuelles. Nous savons que Sidi-Hamdan, maintenant à Paris, s'occupe de publier le second volume de l'*Aperçu historique et statistique de la régence d'Alger*, et qu'il donnera quelques détails curieux sur les pourparlers et les négociations qui ont eu lieu avec le scheik *Farhat-Dawoudy* et avec *Haggi-Achmed*, bey de Constantine. Les notes que nous avons à cet égard appartiennent nécessairement au gouvernement, et n'étant pas notre propriété particulière, il y aurait plus que de l'indiscrétion à en faire usage dans cet écrit. L'oncle du bey de Constantine, *Dawoudy-ben-Ghana*, un des plus puissants scheiks du Sahara, étant mort au mois d'août 1833, Achmed-Bey a nécessairement perdu le plus ferme soutien de sa puissance. Ce fut également par suite des négociations entamées par ordre de M. le duc de Rovigo que nous sommes parvenu à décider l'ancien bey de Constantine, Ibrahim-Bey, à quitter les environs de Bône, et à se retirer à *Médéah*. Ce n'est, au reste, qu'avec une extrême prudence que l'on peut se hasarder à conférer avec de tels individus, puisque le général d'Uzer acquit la preuve positive que, pendant que nous correspondions personnellement avec Ibrahim-Bey, celui-ci avait en vue de s'emparer directement de notre personne en nous attirant dans un perfide rendez-vous. Le commandant Jussouf en fut prévenu à temps, et Ibrahim se décida enfin à aller s'embarquer à *Stora*, pour se rendre à *Boujéia* par mer, et de là à *Médéah*. Ibrahim-Bey n'osa point se rendre à *Stora* par terre, à raison de l'animosité des K'bayles des montagnes du *Collo* et de *Gizery*, qui ne pouvaient lui pardonner de les avoir fait écharper sous les murs de Bône, par le 55ᵉ régiment de ligne, en septembre 1832.

Le caractère des Arabes Bédouins qui occupent le territoire de Bône, l'alliance contractée par le général d'Uzer avec plusieurs tribus, la soumission des unes et la neutralité des autres, sont des raisons qui militeraient en faveur d'un essai de colonisation sur ce point, alors même que la richesse du sol et la grande fertilité des terres ne promettraient pas les plus heureux résultats, si on commence enfin à cultiver.

Si l'on n'adopte pas le grand plan de colonisation dont nous avons entretenu nos lecteurs, il est à croire qu'on adoptera quelques uns des modes que nous venons d'indiquer ; mais il ne faudra jamais moins de 20 millions par an pour arriver à des résultats qui n'auront jamais la même importance que ceux qu'on devait attendre de la colonisation de l'Algérie, après en avoir fait la conquête, soit par conviction ou par la force des armes.

# CHAPITRE X.

Considérations générales.

De tous les avantages que la possession de l'Algérie assurerait à la France, le plus précieux est sans contredit celui de libérer le commerce français de l'énorme tribut qu'il paie à l'étranger, pour l'achat de denrées que notre nouvelle possession pourrait incessamment nous fournir avec abondance.

Rien ne fait exporter plus de numéraire d'un état que les denrées intertropicales, devenues pour les Européens objets de première nécessité. Il découle nécessairement de ce principe, que toute nation privée de colonies tend à s'appauvrir, à se ruiner, à moins qu'elle ne fasse rentrer par des exportations les valeurs que l'acquisition de ces denrées fait sortir.

La balance de tous les peuples qui n'ont pas de colonies est à leur désavantage. Qu'on veuille bien y faire attention : ce sont les produits importés chez eux qui les ruinent. Il est établi que l'Europe consomme par an pour

640 millions de florins en denrées coloniales seulement, telles que sucre, café, poivre, thé et épices, et dans ce tableau statistique, l'Allemagne, qui n'a point de colonies, consomme pour sa part :

| | |
|---|---|
| Sucre. . . . . . . . . . . . . . . | 83,000,000 florins. |
| Café. . . . . . . . . . . . . . . | 29,500,000 |
| Poivre.. . . . . . . . . . . . . | 14,000,000 |
| Épices (canelle, muscade, girofle,). | 7,000,000 |
| Tabacs. . . . . . . . . . . . . | 33,000,000 |
| Thé. . . . . . . . . . . . . . | 15,000,000 |
| Total. . . . . . | 181,500,000 |

C'est donc plus de 450 millions de francs qui sortent tous les ans de l'Allemagne, pour aller grossir les revenus des puissances qui ont des colonies. Or, quelles sont ces puissances ? Nous verrons l'Angleterre les dominer toutes du faîte de la prospérité où elle s'est élevée. Nous n'avons pas compris dans le tableau ci-dessus les sommes énormes que paie la tributaire Allemagne pour les cotons, les drogues médicinales, l'indigo, les bois de teinture et la cochenille, qui sont indispensables à ses fabriques, par la raison que nous n'avons pas sous les yeux le tableau exact de ces importations et de leur valeur. Nous ajouterons seulement à la somme précitée celle de 126 millions de florins, qui sortent tous les ans d'Allemagne pour des marchandises manufacturées en Angleterre, et nous aurons le chiffre suivant :

| | |
|---|---|
| Importation de denrées coloniales. | 181,500,000 flor. |
| Importation de marchandises manufacturées. . . . . . . . . . | 126,000,000 |
| Total. . . . | 307,500,000 |

ou 768,750,000 francs, que l'Allemagne paié tous les
ans aux puissances coloniales, nous dirions mieux à l'Angleterre, puisque nous avons mentionné ses marchandises manufacturées, et que nous pouvons laisser, pour
faire la part des autres puissances, le produit de l'importation des valeurs dont nous n'avons pu nous procurer le
tableau. Nous ne pousserons pas plus loin ces recherches,
que nous reproduirons ailleurs, ayant voulu seulement
établir l'avantage qu'ont les nations à fonder des colonies.

La Grande-Bretagne, en convoitant la régence d'Alger,
connaissait parfaitement les avantages que la possession
de cette belle contrée lui aurait assurés; le plus considérable à ses yeux était la facilité de se mettre en rapport
direct avec l'Afrique centrale. On aurait bientôt vu ses
intrépides voyageurs, ses habiles négociants, à la tête des
caravanes qui, partant de Fez, de Tafilet et de Tripoli,
vont chercher sur le Niger ce que l'intérieur, si peu
connu, de l'Afrique a de plus précieux. L'expédition de
lord Exmouth n'ayant point eu les résultats qu'on s'était
promis, la politique ou des raisons qui nous sont inconnues
ayant fait ajourner l'exécution du plan dont nous avons
entretenu nos lecteurs dans cet écrit, la France, pour
venger son honneur outragé, a fait la conquête d'Alger,
et c'est à elle de juger aujourd'hui du degré d'utilité de
sa nouvelle possession. Il est vrai que les richesses de l'A-
frique centrale valent bien la peine qu'on fasse quelque
frais pour arriver jusqu'à elle : la poudre d'or, qui de
l'intérieur arrive sur la côte occidentale d'Afrique, se dirige en bien plus grande quantité vers la Barbarie, et on
sait aujourd'hui d'où elle provient. Il est constant que les

peuplades fixées au sud du Niger, du côté de *Haoussa*, viennent périodiquement à *Tombouctou* chargées d'or en grain et en poudre. Ces détails, qui nous ont été confirmés à Alger par un Maure qui avait suivi la caravane de Tafilet en 1824, seront probablement appréciés plus tard. Ce commerce ne saurait être aujourd'hui d'aucun poids dans la balance, car il ne peut se faire que par l'intermédiaire des Maures du désert, qui ont en horreur tout ce qui n'est pas mahométan.

Quand l'Angleterre a voulu coloniser l'extrémité méridionale de l'Afrique, et profiter des émigrations qui tous les ans s'échappent de son sein pour aller augmenter la population de l'Union américaine, des facilités et des avantages considérables ont généreusement été offerts par le gouvernement à ceux qui consentaient à aller cultiver, au profit de la mère patrie, un des sols les plus riches du globe; pendant plusieurs années de suite, il est parti annuellement quatre et cinq mille individus, qui ont été transportés gratuitement au Cap de Bonne-Espérance, d'où ils ont été dirigés vers l'intérieur dans les nouveaux établissements; et telle était l'affluence des demandeurs, dans le principe, qu'on fut obligé de suspendre les inscriptions jusqu'à nouvel ordre. Lorsque les Anglais firent sur les Hollandais la conquête du Cap de Bonne-Espérance, cette colonie comptait environ quatre-vingt mille habitants; elle en a aujourd'hui au-delà de trois cent mille. Ajoutons encore que c'est à la stabilité, à la longue administration de lord Sommerset et de sir L. Cole, que l'Angleterre devra incessamment l'avantage de récolter sur ses propres domaines, et en grande quantité, les meilleurs vins du globe. Tout le monde connaît les excellents vins du Cap et ceux de Constance; mais ce que bien des personnes ignorent, c'est que les colons anglais qui ont défriché les terres dans la direction du nord-est, se sont procuré des plants de vigne de Porto, de Frontignan, de Médoc, et du Rhin; aujourd'hui et dix ans après ces essais, on recueille dans la colonie des vins qui portent les mêmes noms, et qui ont les mêmes qualités. Croit-on que l'Angleterre soit insensible à ce bon procédé du territoire de l'Afrique australe, et qu'elle ne fasse pas de bon cœur les sacrifices qu'exige une colonie qui permet d'entrevoir l'époque, où la mère patrie sera affranchie du tribut considérable qu'elle paie à la France et au Portugal?

La France fut forcée d'abondonner le *Canada*, et il a été soutenu alors et depuis, comme il l'a été également pour la *Louisiane*, que nous n'avions pas fait une grande perte, car ces colonies coûtaient plus au trésor qu'elles ne produisaient. Nous admettons sincèrement ce principe pour l'époque où l'on fonde la colonie, mais sans nous occuper de la Louisiane, qui prouve chaque jour à quel degré de prospérité elle devait arriver, prenons le Canada pour exemple, et voyons comment cette possession est à charge à la Grande-Bretagne.

Nous prenons au hasard le tableau officiel des exportations de l'Angleterre, pour ses colonies de l'Amérique septentrionale pendant l'année 1847. On ne nous opposera pas sans doute que la prospérité de ces colonies ait diminué depuis cette époque. Le Canada est la clé de voûte de la puissance coloniale anglaise dans l'Amérique du nord, toutes les colonies secondaires mentionnées dans ce petit tableau se groupent autour de lui; et pour conserver cette puissance, l'Angleterre emploie annuellement 2,400,000 francs, pour l'entretien des établissements militaires et la réparation des forts. Serait-il indiscret de demander ce que nous coûtera la même nécessité en Algérie ?

Évaluation officielle des exportations de la Grande-Bretagne pour ses colonies de l'Amérique septentrionale.

### Canada.

En 1810. . . . . . . 977,421 livr. sterl.
  1817. . . . . . 2,248,446

### Nouvelle-Écosse.

1810. . . . . . . 350,611
1817. . . . . . 1,320,644

### Nouveau-Brunswick.

1810. . . . . . . 274,052
1817. . . . . . 620,132

### Iles du Prince Édouard.

1810. . . . . . . 20,634
1817. . . . . . 14,530

### Cap Breton.

1810. . . . . . . 536
1817. . . . . . 4,700

### Terre-Neuve.

1810. . . . . . . 377,735
1817. . . . . . 822,631

### VALEUR TOTALE.

En 1810. . . . . . 2,000,989 livr. sterl.
  1817. . . . . . 5,031,183

Il résulte donc de ce tableau qu'en 1817, les colonies anglaises de l'Amérique septentrionale remboursèrent à la mère patrie en marchandises et en numéraire, l'énorme capital de 125,749,575 francs, dont elles avaient reçu les valeurs, soit en objets des fabriques anglaises, soit en denrées coloniales importées par des navires anglais; et comme la valeur de ces mêmes importations ne s'éleva qu'à 22,610,808 francs, c'est donc une valeur de 103,168,667 francs que le Canada et ses dépendances ont payée au commerce britannique en 1817. Rien n'est plus facile que d'établir le tableau de 1832, nous le publierons incessamment dans un nouvel ouvrage sur le système colonial des diverses puissances maritimes. Terminons ce paragraphe par une observation importante: les frais d'administration du Canada sont évalués à 14,880,000 francs, dont la métropole fournit la moitié, les autres 7,440,000 francs sont payés par la colonie elle-même. Il reste encore à acquitter la valeur des présents qui sont faits aux indigènes indépendants, et la solde ou indemnité payée aux agents qu'on entretient chez eux pour le commerce dans des vues politiques, c'est le gouvernement qui se charge d'acquitter ces frais.

Si on considère la manière dont les États-Unis opèrent pour étendre leurs établissements, on pourra certainement y trouver des exemples utiles à suivre dans la colonisation de l'Algérie. A mesure que les émigrants arrivent sur le sol de l'Union, on leur distribue à vil prix et souvent gratis, suivant les localités, des terres entre les cultures et les forêts vierges de la partie occidentale; on leur accorde des facilités sans nombre, des semences, des instruments aratoires, dont ils rembourseront plus tard la valeur. Ceux qu'une grande fortune met à même d'entre-

prendre seuls l'exploitation s'associent avec d'autres qui
paient leur quote-part, soit en dirigeant les travaux, ou
en y participant eux-mêmes. Il est des spéculateurs, qui
après avoir défriché des terrains, les vendent lorsqu'ils
sont en culture, et vont faire plus loin de nouvelles ex-
ploitations. Ceux qui ont des capitaux peuvent donc entrer immédiatement en jouissance de belles propriétés,
qu'ils obtiennent à des prix très modérés, et l'appui du
gouvernement ne leur manquera pas.

Une population qui ne cultive rien, composée de
chasseurs, d'ennemis du travail, et de déserteurs de tous
les pays, cosmopolites qui ne veulent supporter ni le joug
si léger de la liberté américaine, ni celui des lois qui régissent la société, recule devant les établissements régu-
liers, et refoule à son tour les indigènes vers les immenses
forêts leur dernière patrie. Ces espèces de *Boschesmen*,
que nous avons nommés ailleurs les *Cosaques de la civilisation*, servent d'avant-garde aux colons, ils vivent de
chasse et balaient pour ainsi dire le terrain. Ils font en un
mot pour les colons ce que peuvent faire les spahis à la
solde de la France pour les colons de l'Algérie, car les
sauvages de l'Amérique septentrionale enlèvent une che-
velure avec autant de dextérité qu'un K'bayle se sert du
*yatagan* pour couper une tête.

On a supposé, à tort sans doute, que l'Angleterre s'op-
posait à ce que nous gardions l'Algérie, il faudrait être
dans la confidence intime du cabinet de Londres, pour
savoir au fait ce qu'il en pense; ce qu'il y a de certain,
c'est que si nous reculions effectivement devant les difficultés réelles et devant les sacrifices considérables que
nécessite la colonisation de l'Algérie, si nous venions, en
un mot, à l'évacuer, chose presqu'impossible, bien positi-

vement l'Angleterre ne prendrait pas possession d'Alger ;
la principale raison, c'est qu'elle a aujourd'hui trop de colonies dans le plus brillant état de prospérité. D'ailleurs la
politique de lord Castlereagh et celle de lord Grey n'ont
aucun rapport entre elles, deux nations, long-temps rivales, se sont entendues, les deux peuples se sont donné
la main sur le même terrain, et marchent ensemble pour
civiliser le monde.

Comparons la conduite actuelle de l'Angleterre avec ce
que nous disait à Londres, en 1820, un homme d'état remarquable par son grand talent, et que nous pourrions citer, si une étonnante révolution ne s'était faite dans ses
idées depuis cette époque.

« Nos ministres savaient bien pourquoi nous ne vou-
« lions plus de traite. L'Inde n'a pas besoin de nègres, puis-
« que les indigènes la cultivent pour nous. En Afrique,
« nous avons les noirs sous la main, il suffit d'y abolir le
« mot *d'esclavage.* La traite n'est un commerce de né-
« cessité que pour l'Amérique. Là, point ou très peu de
« culture sans des esclaves africains. C'est là que sont les
« principales colonies des Espagnols, des Français, des
« Portugais, Danois et Suédois, il faut dans notre intérêt
« qu'elles périssent. Nous y avons aussi de très beaux éta-
« blissements, et ils seront enveloppés dans la ruine com-
« mune. Que nous importe ? Il nous reste une infinité
« d'autres colonies dont l'AFRIQUE est la plus intéressante
« pour nous. Les établissements de nos rivaux, ainsi rui-
« nés faute de bras, nous n'aurons plus à combattre que
« ceux qui peuvent leur rester en *Afrique* et en Asie.
« Ceux du Portugal s'écroulent, les Philippines seront tôt
« ou tard libres comme l'Amérique espagnole, et quand
« les entreprises des Hollandais dans l'Inde amèneront

« une rupture entre eux et nous, ils ne sauront tenir con-
« tre notre supériorité. L'inde pourra nous échapper
« quelque jour, c'est une perte incalculable, l'Afrique
« nous en consolera, elle est plus près de nous. Nous lui
« ferons produire plus de denrées coloniales que n'en ré-
« clament tous les marchés de l'Europe, où nous ferons
« exclusivement la loi. »

Le noble amiral qui s'exprimait ainsi en 1820 le ferait-
il de même en 1833? Nous en doutons, et quoique le bill
d'émancipation semble sortir de la même école, il est plus
loyal, et peut-être bien plus juste de l'attribuer à la philantropie de l'école moderne. Nous persistons donc à croire
que la Grande-Bretagne ne voit pas avec une jalousie que
rien ne saurait justifier, que la France, tout aussi philan-
trope qu'elle, cherche des garanties pour l'avenir dans
la création d'une colonie dans laquelle on peut se passer
de nègres, et que des bras libres peuvent cultiver.

# CHAPITRE XI.

## CONCLUSION.

Il faut bien l'avouer, puisque le fait est clair et certain, les sacrifices que la France a faits depuis près de quatre ans en Algérie n'ont abouti à rien. Non seulement on n'a pas suivi une marche constante, un plan fixe et invariable; mais on peut dire avec assurance qu'il n'y en a eu aucun. Si on devait marcher dans les mêmes errements, si on pouvait impunément commettre les mêmes fautes, frapper le commerce naissant de l'Algérie d'impôts de toute nature, établir des douanes inutiles, au lieu d'accorder des franchises, tourmenter impunément les nouveaux colons et la population malheureuse qui demande

du repos et des garanties, si l'on ne devait enfin respecter ni ses mœurs, ni ses usages, et mépriser sa religion et
ses lois ;.... hâtons-nous d'évacuer l'Algérie, car on ne
viendrait pas à bout de la conquérir, et si la colonisation
ne doit pas marcher de front avec l'occupation, ayons le
courage d'abandonner notre belle conquête, il est inutile
de sacrifier 30 millions par an en Afrique, pour n'obtenir
aucun résultat. Dans cette hypothèse, il sera nécessairement d'une saine et bonne politique d'occuper Bône,
Alger et surtout Oran, comme points militaires qui seront
toujours d'une haute importance. La France, ne faisant
point les sacrifices indispensables pour la colonisation,
n'aura plus à solder que trois garnisons, et cette dépense
ne saurait s'élever à la moitié de ce que coûte l'armée
d'occupation. Nous devons actuellement résumer en
quelques lignes ce que nous avons cherché à établir
dans cet écrit. Nous pouvons certainement nous être trom-
pé, mais le travail consciencieux de la commission d'enquête est là pour provoquer la décision des chambres et du
gouvernement. Composée d'hommes justes, intègres et
éclairés, cumulant dans son sein l'expérience, les talents
et l'esprit d'investigation le plus juste et le plus impartial,
cette commission est venue en Algérie vérifier les faits,
étudier les hommes et les choses. MM. les généraux Bon-
net et Montfort, le comte d'Haubersaert, pair de France,
MM. Laurence, de la Pinsonnière, et Régnart, députés,
M. Duval d'Ailly, capitaine de vaisseau, ancien gouverneur
de l'île Bourbon, et M. Piscatori, député et secrétaire de la
commission, ont pu voir et bien juger, puisqu'ils ont parcouru tous les points de l'Algérie occupés par nous. Ils
ont recueilli des documents précieux, des renseignements
positifs, qui redresseront les erreurs dans lesquelles nous

pourrions être tombé très involontairement, nous devons par conséquent émettre franchement notre opinion, qui se résume ainsi.

Peut-on coloniser l'Algérie ? OUI.

Son climat et son sol sont-ils propres aux cultures inter-tropicales ? OUI.

Ses terres sont-elles riches et fertiles ? OUI.

Le climat est-il généralement sain et salubre ? OUI.

Peut-on compter sur les bras des indigènes pour aider nos cultures ? NON.

Doit-on croire à la soumission prochaine des Arabes ? NON.

Peut-on civiliser les Bédouins ? C'EST FORT DOUTEUX.

Pourra-t-on soumettre les K'bayles ? JAMAIS.

Faut-il de grands sacrifices pour opérer la colonisation ? OUI.

FIN.

www.ingramcontent.com/pod-product-compliance
Lightning Source LLC
Chambersburg PA
CBHW052053090426
42739CB00010B/2151